Vom Harz über den Thüringer Wald

Eine Fernwanderung – Teil 1

N

Start und Ziel
Etappenziele
Route:
Vom Harz über den Thüringer Wald
01.-12. September 2008
ca. 350 km in 12 Etappen

NIEDERSACHSEN

Clausthal-Zellerfeld
HARZ
Herzberg am Harz/Pöhlde
Nordhausen
Duderstadt
EICHSFELD
Heilbad Heiligenstadt
Schimberg/Ershausen
Treffurt
WERRATAL
Eisenach/Hörschel
Glöckner
THÜRINGER WALD
Nesselhof
Schmücke
THÜRINGER SCHIEFERGEBIRGE
Werraquelle
FRANKENWALD
Zollhaus Schildwiese
Blankenstein (Saale)
SAALE
BAYERN

Halle (Saale)
Gera
Jena
THÜRINGEN
Erfurt
Plauen
Hof
Fulda
HESSEN
Kassel

© Florian Genrich

Florian Genrich

Vom Harz über den Thüringer Wald

Eine Fernwanderung – Teil 1

12 Tage, 350 Kilometer:
Von Clausthal-Zellerfeld (Harz) ins Eichsfeld und
durchs Werratal, über den Thüringer Wald, das
Thüringer Schiefergebirge und den
Frankenwald bis nach Blankenstein (Saale).

–

Harz
Eichsfeld
Werratal
Thüringer Wald
Thüringer Schiefergebirge
Frankenwald
Saale

Florian Genrich

»Vom Harz über den Thüringer Wald«

Eine Fernwanderung – Teil 1

© **2009** Dr. Florian Genrich, Clausthal-Zellerfeld

wandern@florian-genrich.de

www.fernwanderung.eu

Herstellung und Verlag: B o D - Books on Demand, Norderstedt

3. Auflage: September **2016**

ISBN 978-3-8391-0867-3

Bibliografische Information der Deutschen Nationalbibliothek
Die Deutsche Nationalbibliothek verzeichnet diese Publikation in der Deutschen Nationalbibliografie; detaillierte bibliografische Daten sind im Internet über http://dnb.d-nb.de abrufbar.

Autor: Dr. Florian Genrich, Clausthal-Zellerfeld
Textverarbeitung mit OpenOffice.org 4.1.2
Fotos, Gestaltung und alle weiteren Inhalte: Dr. Florian Genrich
Umschlagbild: Durchs Obereichsfeld
Lektorat: Nena Christiansen, Clausthal-Zellerfeld

Weitere Bücher von Florian Genrich:

• Durchs Vogtland und über das Erzgebirge, *Eine Fernwanderung - Teil 2*, **2013**, BoD Norderstedt, ISBN 978-3-7322-5040-0.

• Wandern auf dem Kaiserweg Harz, *Harzwandern 1: Eine Harzquerung*, **2007**, BoD Norderstedt, ISBN 978-3-8370-4695-3.

• Der Harz zu Fuß, *Harzwandern 2: Die Tagestouren*, **2008**, BoD Norderstedt, ISBN 978-3-8370-5790-4.

• Wandern im Harz, *Der offizielle Wanderführer des Harzklubs*, **2009** u. **2012**, Schmidt-Buch-Verlag Wernigerode, ISBN 978-3-936185-58-4.

www.florian-genrich.de

Inhalt

Prolog

Vom Harz über den Thüringer Wald ist die Verwirklichung eines lang ersehnten Traums. Wandern, und das nicht nur einen Nachmittag. Eine Fernwanderung von mindestens einer Woche; besser gleich zwei.

Fernwandern in Etappen, das habe ich bis zu diesem Zeitpunkt erst einmal gemacht und zwar auf der dreitägigen *Harzquerung* auf dem *Kaiserweg* von Goslar zum Kyffhäuser im Juli 2007.* Aber verglichen mit dem neuen Plan sind drei Tage nicht viel. Meine bisherige Wandererfahrung resultiert aus dieser 110-Kilometer-Fernwanderung sowie Tagesmärschen von bis zu 58 Kilometern. Das kann sich sehen lassen; und dennoch ist ein Zwölftagesmarsch von 350 Kilometern ein ganz anderes Kaliber. Aber eben genau das soll und will ich nun in Erfahrung bringen. Das Resultat halten Sie in Ihren Händen. Es ist zugleich mein viertes Buch, das sich mal wieder ganz um den Wanderer dreht.

Von Clausthal-Zellerfeld im Oberharz geht es zunächst ins südliche Harzvorland und dann weiter gen Süden. Ich streife durch die Landschaften des Eichsfelds und des *Werratals*. Nach einsamen sechs Etappen, auf denen ich – abgesehen von einzelnen Spaziergängern sowie den Menschen in Dörfern und Städten – lediglich einen einzigen Wanderer treffe, geht es schließlich über den Thüringer Wald hinweg. Der wohl bekannte und von Wanderern stark frequentierte *Rennsteig* führt mich von Hörschel an der *Werra* bis nach Blankenstein unweit der *Bleilochtalsperre*, wo die *Selbitz* in die *Saale* mündet.

Vier Bundesländer sind es, durch die ich wandere. In Niedersachsen, Thüringen, Hessen und Bayern durchstreife ich 15 Landkreise. In der *Einzelkämpferdisziplin* trete ich im September 2008 in

---

*   Siehe S. 4

meinem Oberharzer Wohnort Clausthal-Zellerfeld vor die Haustür und setze fleißig einen Fuß vor den Anderen.

Innerhalb von 12 Tagen tragen mich die treuen Wanderstiefel, die mich seit nunmehr fünf Jahren begleiten, in das 350 Kilometer entfernte Blankenstein. *Auf Schusters Rappen*, das ist die Devise. Der Weg ist das Ziel! Fernwandern und mit dem Zug zurück fahren.

Erst hatte ich Skrupel, suchte nach Weggefährten. Ich fand Weggefährten, die wieder absprangen. Alleine zu marschieren ist kein Fehler. Ich bin Einer von der Sorte, die durchziehen, was ihnen in den Kopf kommt.

„Die Hälfte schaffst Du schon. Ich besuche Dich dann mal in Eisenach im Krankenhaus", musste ich mir anhören.

„Würde es langweilig werden allein?", fragte ich mich insgeheim, wurde und werde es auch noch oft gefragt. Aber genau dies und alles andere steht in den folgenden Kapiteln.

Glück Auf und auf Wiedersehen in Clausthal-Zellerfeld,

Florian Gerwoth

Das Marschgepäck

30 L Wanderrucksack mit Rückengestell

Im Rucksack:

- 1 Hose
- 1 Fleecepullover
- 1 Baumwoll-T-Shirt, 1 Funktions-T-Shirt
- 2 Unterhosen
- 2 Paar Wandersocken + 1 Paar für abends
- Fleecemütze, Fleeceschal
- Funktionshandtuch (trocknet schnell)
- große Taschenlampe
- Wanderkarten und Planung, Tagebuchkladde, Stift
- mehrere Plastikbeutel
- Becher, Outdoor-Besteckset, Brettchen, Wandermesser
- 1. Hilfe-Set mit Verbandszeug, Pflaster, Blasenpflaster, *ASS*, *Paracetamol*, Allergie-Augentropfen, *Voltaren*, Vaseline
- Das Wichtigste aus dem Kulturbeutel (rasieren kann man sich auch nachher noch): Zahnbürste + Zahnpasta, ½ Flasche Duschgel, Nagelscherenset, Deo, Sonnenschutz, *Rei* aus der Tube
- viele Packungen Taschentücher
- Müsliriegel, einzeln verpackte Kekse, Traubenzucker, *Panzerplatten* als Reserve, Mineral-Brausetabletten!

Außen im / am Rucksack:

- Rucksackregenüberzug
- Digitale Spiegelreflexkamera mit Kameratasche und Akkuladegerät
- Mobiltelefon + Ladegerät
- 2 Trinkflaschen à 1 Liter
- kleines Schweißhandtuch am Karabinerhaken
- *Thermarest*-Isomatte + kleines Isositzkissen
- Schlafsack mit Minikissen
- Badelatschen!
- *Gore-Tex* Wind- und Regenjacke, Regenhose
- Tagesverpflegung, Proviant

1 Satz Klamotten am Körper

- *Meindl* Wanderstiefel Kategorie *B*
- Hose mit Seitentaschen, Gürtel
- Unterhose
- Wandersocken
- Funktions-T-Shirt, Funktionshemd
- Schirmmütze, Sonnenbrille mit Aufbewahrungsdose
- aktuelle Wanderkarte in Plastikhülle
- Kompass
- Portemonnaie

Das alles und nicht mehr. Je nach Beladung mit Getränken und Proviant summiert sich die Masse des Rucksacks auf 18-20 kg.

Das Kartenmaterial bestand aus sechs Wanderkarten der Landesvermessungsämter:

1 *Wandern im Westharz, Karte I des Wanderkarten-Sets Wandern im Harz, Offizielle Karte des Harzklubs e.V.,* 1:50.000, Landesvermessung + Geobasisinformation Niedersachsen LGN, 13. Auflage **2006**, ISBN 3-89435-669-3.

2 *Nördliches Eichsfeld mit Goldene Mark, Ohmgebirge, Zahnsberg und Dün,* 1:50.000, Topographische Karte TK 50 W Kartenblatt 53, Thüringer Landesvermessungsamt TLVermGEO, 2. Auflage **2003**, ISBN 3-86140-224-6.

3 *Südliches Eichsfeld Hainich Werratal,* 1:50.000, Topographische Karte TK 50 W Kartenblatt 54, Thüringer Landesamt für Vermessung und Geoinformation TLVermGEO, 3. Auflage **2007**, ISBN 978-3-86140-225-1.

4 *Westlicher Thüringer Wald,* 1:50.000, Topographische Karte TK 50 W Kartenblatt 55, Thüringer Landesvermessungsamt TLVermGEO, Auflage **2004**, ISBN 3-86140-265-3.

5 *Östlicher Thüringer Wald,* 1:50.000, Topographische Karte TK 50 W Kartenblatt 58, Thüringer Landesvermessungsamt TLVermGEO, Auflage **2003**, ISBN 3-86140-267-X.

6 *Rennsteig, Hörschel-Blankenstein, Rennsteigverlauf auf 5 Einzelkarten,* 1:50.000, Topographische Karte TK 50 W Kartenblatt 50, Thüringer Landesamt für Vermessung und Geoinformation TLVermGEO, Auflage **2006**, ISBN 3-86140-170-3.

Auf den ersten sechs Etappen vom Harz zum Thüringer Wald war die Navigation mit Karte und Kompass sehr wichtig. Der *Rennsteig* hingegen ist so gut beschildert, dass die Karten lediglich zur Vorausplanung gebraucht werden. Hierbei reicht Karte 6 bei weitem aus, jedoch vermitteln Karten 4 und 5 einen größeren Überblick und geben Zusatzdetails preis, die in der *Rennsteig*-Karte nicht verzeichnet sind (z.B. die Nummerierung von Bundesstraßen).

Teil 1: Harz – Thüringer Wald

160 km

... von Clausthal-Zellerfeld im Oberharz durch das Eichsfeld und Werratal zum westlichen Rand des Thüringer Waldes.

Etappe 1: Clausthal-Zellerfeld – Herzberg/Pöhlde

Harz → Thüringer Wald; *Montag, 01. September 2008*

GS → OHA

Landkreis Goslar → Landkreis Osterode am Harz

Niedersachsen / Vom Oberharz ins südliche Harzvorland

Die Strecke: Clausthal (600 m ü.NN) → Buntenbock → Lerbach über *Kunzenloch* → *Harzer-Hexenstieg* → Osterode am Harz (220 m ü.NN) → *Karstwanderweg* → *Teufelslochwiesen* → Hörden am Harz → Herzberg am Harz (240 m ü.NN) → Pöhlde (210 m ü.NN).

Distanz: 35 km

Unterwegs: 10:15 – 19:00 Uhr, 8 h 45 min, 4.0 km/h

Das Wetter: Durchwachsen, bewölkt, schwül, teils Nieselregen, überwiegend trocken.

Um 7:00 Uhr klingelt in der *Osteröder Straße* in Clausthal-Zellerfeld der Wecker. Ein Blick aus dem Fenster: Blauer Himmel, vereinzelt kleine Schäfchenwolken. Das Wetter hält sich vorerst nicht an die Vorhersage, die Gewitter und Niederschläge prophezeit hatte.

Ich will! Und dennoch kann es vorerst nicht losgehen. Ein angeschlagener Gesundheitszustand in der gesamten letzten Woche; seit Montag Antibiotika und abends früh schlafen. Ich sitze im Wartezimmer der Arztpraxis des Clausthaler Krankenhauses und warte auf den „Freifahrtschein". Ein letzter Check; die Ärztin gibt grünes Licht: „Ihre Lymphbahnen sind abgeschwollen, keine Röte mehr zu sehen. Sie wollen heute eine Tour starten, ja? Da spricht eigentlich nichts dagegen. Haben Sie denn eine Bordapotheke dabei?"

„Ja, *Aspirin* oder *Paracetamol*, was ist besser?"

14

„*Paracetamol!* Ist besser magenverträglich, wirkt aber genauso gut. Dann können Sie ja immer mal was zur Entzündungshemmung nehmen."

So spute ich mich, laufe zurück nach Hause, werfe die letzten Kleinigkeiten in den ansonsten bereits gepackten Rucksack und stiefele die Treppenstufen hinunter. Auf dem Hinterhof verabschiede ich mich von meinen Nachbarn, die am letzten Wochenende gerade Goldene Hochzeit gefeiert haben. Man gibt mir zu hören: „Lassen Sie sich nicht wegfangen nachts im Wald mit Ihrem Schlafsack und der Isomatte, Herr Genrich, und alles Gute für den Weg!" Es ist 10:15 Uhr und kann endlich losgehen – ein lang ersehnter Traum wird wahr!

Die knapp 20 kg Marschgepäck geschultert, marschiere ich die *Osteröder Straße* hinauf und halte mich vom Schützenplatz aus über die Bergwiesen südlich. Durch das Wäldchen und über eine weitere Bergwiese erreiche ich auf dem *Hasenbacher Weg* Buntenbock, den dritten Stadtteil der Bergstadt Clausthal-Zellerfeld. Ich bestaune das zugleich filigrane aber überaus mächtige *Hildesheimer Haus*. Ein prächtiges hölzernes Bauwerk, ganz im Harzer Stil.

Buntenbock weist im Gegenteil zu Zellerfeld und Clausthal, den vereinigten Zwei, der ehemals sieben freien Oberharzer Bergstädte, eine andere Entstehungsgeschichte auf. Die Bezeichnung *Bergstadt* leitet sich von Bergbau ab; und es waren überwiegend Menschen aus dem Erzgebirge die in den Harz übersiedelten, was sich bis heute in der Oberharzer Mundart niederschlägt. In Buntenbock jedoch sollen es keine Bergleute gewesen sein. Die frühen Bewohner dieser Ortschaft stammten aus dem benachbarten Lerbach, aus Osterode und dem südlichen Harzvorland; es waren überwiegend Fuhrleute. Seit der Kreisgebietsreform von 1972 gehört der 750 Seelen-Ort Buntenbock zur rund 15.000 Einwohner starken Oberharzer Berg- und Universitätsstadt Clausthal-Zellerfeld im niedersächsischen Landkreis Goslar.

Der Himmel ist mittlerweile bedeckt; es beginnt zu nieseln. Ich steige in den Wald auf, spanne an der ersten Bank die Regenschutzhülle über meinen Rucksack sowie das daran verzurrte Marschgepäck und ziehe die Regenjacke über. Der Wegweiser des *Neuen Wegs* zeigt praktischerweise genau auf die Mitte der Gabelung. Ich entscheide mich für links und komme in den Genuss – entgegen der Planung – durch das *Kunzenloch* nach Lerbach zu wandern. Auf den breit geschotterten Wegen, rechts und links dichter Fichtenwald, geht es zügig voran. Ich schwitze, versuche aber meinen Hals zugfrei zu halten, was mir nicht sonderlich gut gelingt.

Unterwegs begegne ich einem Mann, der auf einem Quad mit Osteroder Kennzeichen daher gebraust kommt. Mit einem Zollstock bewaffnet, beklettert er einen Hochsitz. Vorbei an einer größeren Freizeitanlage samt Freibad, Sportplätzen und Gastronomie erreiche ich Lerbach. Auf dem *Hegemaxweg* steige ich am Waldrand an, hinauf zum Kopf eines Skilifts. Über steile Bergwiesen eröffnet sich mir der Blick ins Tal. Eine Mulde wie ein V, rechts und links ziehen sich die von Nadelwald bewachsenen Hänge gen Himmel empor. Das erste Picknick in der hölzernen Schutzhütte mit Ausblick steht an; Urlaubsgefühle kommen auf.

Ich setze meinen Weg auf dem *Harzer Hexenstieg* fort. Auf äußerst breit gebahnten Wegen geht es voran. An *Körnigs Ecke* blicke ich weit ins Südharzer Vorland. Die ausgesprochen hügelige Karstlandschaft ist geprägt von den steilen Abbrüchen der

Gipsfelsen.

Ein Geländewagen hält auf meiner Höhe. Die Scheibe wird herunter gekurbelt, der Motor verstummt. „Na, noch die letzten Kilometer nach Hause? Osterode ist ja nicht mehr weit! Sie kommen sicher von Thale, oder?" Der ältere Mann denkt, ich wäre auf dem Fernwanderweg *Harzer Hexenstieg* von Thale nach Osterode unterwegs.

„Nein, heute ist erst meine erste Etappe, ich komme aus Clausthal."

„Ach so, und wo wollen Sie noch hin?"

„Zum Thüringer Wald und über den *Rennsteig*, heute aber erstmal bis Pöhlde."

Ein langes Gesicht: „Was, so weit? Das macht man doch aber nicht unvorbereitet, das kann ja gefährlich werden."

„Sicher, aber ich geh ja auch nicht zum ersten Mal wandern. Sind Sie der Förster hier?"

„Nein, ich habe da oben eine Schafherde, jetzt fahr ich aber erstmal Mittag essen. Sie schwitzen aber ganz schön. Ich hoffe das Wetter hält sich. Heute regnet es bestimmt noch, was machen Sie denn dann?"

„Zur Not zieh ich meine Regenhose auch noch an", erwidere ich.

„Dann schwitzen Sie ja noch mehr!"

Wo er Recht hat, hat er Recht.

Am Waldrand habe ich das erste Harzpanorama vor meinen Augen. Wie Schatten ihrer selbst wirken die langen Bergketten im Dunst. Schließlich erreiche ich Osterode und somit das Ende des *Hexenstiegs*. Osterode am Harz ist mit 24.000 Einwohnern Kreisstadt des gleichnamigen Landkreises, gelegen am südwestlichen Harzrand. Ich stehe auf einer Brücke und studiere meine Wanderkarte. Ein Radfahrer hält und fragt freundlich, ob er mir weiterhelfen könne. Ich frage nach dem kürzesten Weg zum *Karstwanderweg*. Er sagt, ich müsse am besten durch das Zentrum wandern. Ich marschiere weiter und verliere gefühlt ziemlich viel Zeit durch Umherirren auf der Suche nach diesem verfluchten *Karstwanderweg*, von dem ich mir so einiges mehr versprochen habe. Ich beginne an mir selbst zu zweifeln, entscheide mich dann aber einfach dafür, der *Nordhäuser Straße* zu folgen. Nordhausen liegt östlich, das klingt vielversprechend. Vorbei an den Kreisverkehrsbetrieben und durch ein Gewerbegebiet. Ich halte mich bei der ersten Gelegenheit rechts, denn ich möchte weiter nach Süden gelangen, um näher an der Schnellstraße zu sein, die einmal am Südharzrand entlang führt. Parallel zu dieser nämlich, verrät meine Karte, verläuft vorerst der *Karstwanderweg*. Ich folge dem Straßenverlauf und schwitze unheimlich unter der Last meines Rucksacks. Der Stress des Umherirrens und die daraus resultierende Eile leisten ihr Beiwerk. Am Ende lese ich ganz unerwartet, den ersten Wegweiser des ersehnten Wanderweges. Uff! Ich begebe mich ins Grüne, indem ich ihm folge. Völlig fertig und durstig hiefe ich mich und mein Gepäck auf einen abgesägten, riesigen Baumstumpf, verschnaufe, trinke in großen Schlucken und esse. Gut gestärkt kann es weitergehen.

Ich erreiche die *Teufelslochwiesen* und passiere eine Herde Harzer Rotvieh. Der Weg führt rechts in Richtung Schnellstraße, die nicht zu überhören ist. Der Schotter geht in Asphalt über und ich bewege mich parallel zu den Bahngleisen der Strecke Osterode – Herzberg. Große Wiesen, dahinter Laubwald, ansonsten nur der erbarmungslose Asphalt. Es geht eine ganze Weile weiter ostwärts, dann muss ich nach rechts einer kleinen Straße folgen. Unter der Schnellstraße hindurch, links entlang einer Landstraße, dann deutet das Schild des *Karstwanderwegs*

Clausthal nach Buntenbock

Durch Buntenbock

desheimer Haus

Ortsausgang Buntenbocks in die südlichen Wälder

rgwiesen und Täler am südlichen rzrand oberhalb von Lerbach

Körnigs Ecke: Blick vom *Harzer Hexenstieg* oberhalb Osterodes nach Süden

Harzer Rotvieh auf den *Teufelslochwiesen*

Von Osterode nach Hörden

Von Hörden nach Herzberg

Harzblick vor Herzberg

Wie Schatten Ihrer selbst wirken
die Harzer Bergketten von Süden

Herzberg am Harz

einen überwucherten Grasweg hinauf. Es soll das letzte Mal gewesen sein, dass ich heute seine Beschilderung erspähen kann. Habe ich jemals ein Loblied auf diesen Wanderweg gesungen? Ich nehme alles zurück! Autolärm, viel Asphalt, katastrophale Beschilderung, Entfernungsangaben gibt es generell nicht, und schließlich hören die Schilder einfach auf. Am liebsten hätte ich den Weg verflucht. Nein ein guter Wanderweg ist etwas anderes.

Ich steige also rechts von der Straße diesen überwucherten Anstieg hinauf; er bringt mich mächtig zum Schwitzen. Oben trinke ich ein paar Schlucke vom Rest der zwei Liter Getränke, der noch bleibt. Es geht durch ein kleines Wäldchen, dann über hügelige Felder, meist auf breit geschotterten Wegen weiter. Ich erreiche den nördlichen Rand von Hörden am Harz und blicke auf und über die Dächer der kleinen Ortschaft. Ich beschließe links oberhalb des Ortes dem Radwanderweg zu folgen. Auf einer Bank raste ich kurz und trinke nochmals etwas, den letzten Rest. Unten an der Straße überquere ich erst diese, dann das Flüsschen Sieber und halte mich dahinter auf dem Feldweg rechts. Auch wenn hier irgendwie der *Karstwanderweg* fortführen soll, gebe ich es auf, seinen Verlauf zu suchen.

Am Ende geht es links hinauf und über den Berg, den die Felder aufwerfen. Jetzt suche ich mir nur noch den kürzesten Weg, egal ob Straße, Rad- oder Wanderweg. Die Karte hilft, der Kompass ist unerlässlich. Das Wetter ist durchwachsen, jedoch hat es lange nicht mehr geregnet. Schöne Harzblicke versuchen mich über meinen Durst hinweg zu trösten. In Herzberg wird's schon etwas geben. Dieses erreiche ich nach einer ganzen Weile, vorbei an Feldern und Wäldern. Ein Mann kommt mir entgegen und fragt, ob ich aus einer Schutzhütte käme.

Fragend gucke ich ihn an: „Eine Schutzhütte? Ich habe keine gesehen."

„Ja die liegt etwas versteckt. Ich wollte eben darin sauber machen, aber da war schon jemand drinnen, überall hingen Sachen rum und unter einem Berg Wolldecken lag Einer."

„Ach auch ein Wanderer?"

„Nee, eher einer der besonderen Sorte. Ich will ja nicht sagen Penner. Aber der braucht erstmal eine Weile, seine Plastikbeutel zusammen zu packen."

Ich begebe mich hinunter nach Herzberg und folge dem ersten Schild eines Radwanderwegs in Richtung Pöhlde. Ankommen will ich, trinken, und sonst nichts. Unten an der Straße lese ich auf dem großen Wegweiser *Pöhlde 5 km*. Einen Laden sehe ich nicht und der Grieche hat Ruhetag – war ja klar. Ich passiere den Bahnhof des 14.500 Einwohner starken Städtchens am Südharzrand. Na gut, die letzten fünf Kilometer müssen irgendwie so gehen. Auf einer Brücke marschiere ich über breite Bahngleise hinweg. Am Ortsausgang folge ich dem Radwanderweg und mitunter einer kleinen Abkürzung auf Wiesenwegen. Hinter einem Wäldchen gelange ich an die Straße, und wandere oberhalb auf dem gepflasterten Radwanderweg hinfort. Die Füße schmerzen auf dem harten, ungedämpften Untergrund; der Durst ist riesengroß. Als ich hinter dem Umspannwerk Pöhlde das rote Dach einer Tankstelle erblicke, erscheint mir diese wie eine Oase. Hoffentlich ist es keine Fata Morgana! Die letzten Meter lege ich auf der asphaltierten Straße zurück, passiere das Ortseingangsschild: *Pöhlde, Stadt Herzberg, Landkreis Osterode am Harz*. Die Erlösung! An der Tankstelle kaufe ich zwei Flaschen Apfelschorle und trinke die ersten 0,75 L auf der Stelle aus; die zweite Flasche nehme ich mit auf den Restweg. Nun ist es nicht mehr weit. Schnell finde ich die *Klosterstraße* samt meiner Pension, es ist 19 Uhr, ich bin angekommen!

In der Gaststube frage ich nach meinem Zimmer, bekomme

dies sogleich gezeigt und versinke im Sessel. Mit gerade ausgestreckten Beinen erwarte ich im schlichten 22 €-Zimmer des Landgasthauses die Rückkehr der Frau, die mir noch die Duschen zeigen soll. Schließlich liege ich frisch geduscht auf meinem Bett und will mich eigentlich nicht mehr regen. Um 20 Uhr kann ich mich wieder aufraffen. Zuerst finde ich mich allerdings unfähig, meine Arme anzuheben. Das Gepäck lässt die Schultern schmerzen, aber es wird schon gehen. Schnell wasche ich – *Rei aus der Tube* sei dank – Schweißhandtuch, T-Shirt und Socken im Waschbecken und hänge sie zum Trocknen auf.

Ich begebe mich hinunter in die Gaststube, bestelle ein alkoholfreies Weizen und nach einem Blick in die Karte eine klare Suppe mit Einlage sowie Matjes und Bratkartoffeln. Nach einer kurzen Rückfrage heißt es: „Matjes ist aus!"

„Na gut, dann nehme ich eben die Bandnudeln mit Pilzen."

Wieder ein kurzer Augenblick und es ertönt: „Die sind auch aus."

„Na, dann muss ich aber nochmal in die Karte gucken", erwidere ich und entscheide mich für die Schlachteplatte mit Landbrot. Die gibt es auf jeden Fall, schließlich hat das Landgasthaus eine eigene Schlachterei. Nach der Suppe esse ich mich somit an allerlei Wurstwaren satt und verweile in der ländlich hölzernen Gaststube ohne Musik, in der sich außer mir alle zu kennen scheinen. Am Nachbartisch sitzen vier Herren, die sich außer den üblichen Stammtischgesprächen: „Was die BILD so alles aufdeckt! Und überhaupt, heut zu Tage blinkt ja niemand mehr auf deutschen Straßen..." ihren Pilsetten und Kurzen widmen. Um 21 Uhr wünsche ich Allerseits noch einen schönen Abend, verschwinde auf meinem Zimmer und überlasse die vier Herren, die Frau hinter der Theke und die Familienangehörigen der Betreiber oder gar sie selbst im Erdgeschoss ihrem eigenen Schicksal.

Ich trinke noch ein paar Schlucke, werfe zweimal 500 mg *Paracetamol* ein und versuche zu schlafen – was besseres könnte mir jetzt nicht widerfahren, der nächste Tag wird noch anstrengend genug! Schon viele Wanderungen habe ich unternommen, nicht im Traum hatte ich gedacht, dass der erste Tag so anstrengend sein würde.

Etappe 2: Herzberg/Pöhlde – Duderstadt/*Pferdeberg*

Harz → Thüringer Wald; *Dienstag, 02. September 2008*

OHA → GÖ

Landkreis Osterode am Harz → Landkreis Göttingen

Niedersachsen / Südliches Harzvorland und Nördliches Eichsfeld

Die Strecke: Pöhlde (210 m ü.NN) → *Radwanderweg* → Rhumspringe (190 m ü.NN), *Rhumequelle* → *Europäischer Fernwanderweg E6* → *Kuhhirtsberg* (270 m ü.NN) → *Forsthaus Hübental* → Breitenberg (260 m ü.NN) → Duderstadt (180 m ü.NN) → Gerblingerode → *Pferdeberg* (279 m ü.NN).

Distanz: 25 km

Unterwegs: 9:40 – 17:40 Uhr, 8 h, 3.1 km/h

Das Wetter: Sonnig, angenehm warm.

Ich stehe auf, noch bevor der Wecker klingelt. Ein kurzes Gutachten der Füße; dann werden die ersten Blasen gestochen und mit Blasenpflaster beklebt. Die hatte ich mir vorsorglich eingepackt, obwohl ich normalerweise keine Blasen bekomme. Nur jetzt, da ich zwei Wochen am Stück wandern möchte, da ist es soweit – fängt ja gut an! Ich räume meine Sachen zusammen, packe soweit alles, setze meine Mineralgetränke an und steige schließlich die Treppenstufen hinunter in die Gaststube, wo es um 9 Uhr Frühstück geben soll. Der Tisch ist bereits gedeckt; ich bin der einzige Gast. Das Frühstück ist reichhaltig. Ich esse zwei Brötchen, zwei Scheiben Brot, ein Ei und trinke mehrere Tassen Kaffee. Gut gestärkt kann es losgehen.

Ich zahle meine Herberge und die Verpflegung. Dann stehe ich mit Sack und Pack auf der Straße. Es ist 9:40 Uhr, die Sonne scheint vom blauen Himmel. Mit der Sonnenbrille auf der Nase sage ich: „Landgasthof ade!", und halte mich bei der ersten Gelegenheit südlich zum Waldrand. Zwei handwerklich tätige Herren mustern mich im Vorbeigehen. Der Eine ruft mir zu: „Na, auf Schusters Rappen!?"

„Genau."

Es geht östlich weiter. Ein kurzer Anstieg und ich blicke vom grünen Laubwald des *Rotenbergs* über die Dächer Pöhldes hinweg. Wieder hinunter, immer am Ortsrand entlang. Immer noch glaube ich fest an Wanderwegebeschilderungen und vermisse eine solche für den *Harz-Solling Wanderweg*, der hier irgendwo kreuzen soll. Stattdessen überquere ich die Straße und vertraue mich besser dem Radwanderweg an, dessen Verlauf mir konkreter erscheint.

Auf gepflastertem Grund marschiere ich in Richtung Rhumspringe. Vereinzelt begegnen mir Radfahrer; man grüßt sich. Ein wenig schattig und schummrig ist die Stimmung, welche von den Büschen und Bäumen verbreitet wird, die entlang des Weges wachsen. Später lese ich auf einem Schild *Rhumequelle* und lasse mich zur Rast auf eine Bank nieder. Der Rucksack ist schwer und ich muss da eh noch etwas an den Riemen rumbasteln, denn regelmäßig verlagere ich durch entsprechende Festigkeit des Brust- und Bauchgurts sowie der Trageriemen die Last zwischen Außen-, Innenschultern und der Hüfte. Der Brustgurt sitzt zu hoch, ich will ihn tiefer setzen.

Ein älterer Herr auf dem Rad hält vor mir und beginnt sogleich zu erzählen. Auf meine Antworten gibt es keine Reaktion, stattdessen redet er in einer Tour, um schließlich zu erklären, dass er kaum noch hören könne. Ich muss wohl brüllen, um erachtet zu werden. Er empfiehlt mir die *Rhumequelle*: „Da kommen Sie sowieso lang." Und das *Forsthaus Hübental* wäre auch ganz toll, aber Dienstag sei ja Ruhetag. „Bis Duderstadt, naja, das reicht ja denn auch erstmal." Dass ich noch weiter bis zum Thüringer Wald und darüber hinweg möchte, behalte ich wohl besser für mich. Ich erwähne noch, dass ich hier mit den Wanderwegen so meine Probleme habe, sie entweder mangels Beschilderung nicht finde, oder sie irgendwie zugewuchert, bzw. schlecht gepflegt sind. Die Radwege hingegen sind klasse. „Naja, da brauchen Sie schon 'ne Karte, und da muss man sich ja auch mit auskennen."

„Danke auch", denke ich mir. Im Maßstab 1:50.000 wäre ab und zu ein Schild schon ganz hilfreich, und für jede Ecke eine Detailkarte mitschleppen geht auch nicht. Selbst so hab ich ja schon sechs Stück dabei und die Radwege sind ja auch an jedem Laternenpfahl markiert.

Schließlich fällt ihm noch etwas auf: „Aber Sie tragen ja eine Waffe."

„Das ist keine Waffe, das ist mein Allzweck- und Esswerkzeug." Jedenfalls interessiert er sich für mein finnisches Messer, das ich auf längeren Wanderungen immer bei mir trage.

Ich verlasse den Radwanderweg, steige durch ein Wohngebiet hinab und gelange an das Ortsschild *Rhumspringe – Landkreis Göttingen*. Ich erspähe einen Aufkleber mit dem Wagenrad, das *Mainzer Rad*, Symbol des Eichsfelds, in diesem Fall speziell des *Eichsfeldwanderweges*. Auf der anderen Straßenseite, dem Schotterweg folgend, stehe ich schnell an der *Rhumequelle*. Im kalkig matten Grün der Wasseroberfläche spiegeln sich die Baumkronen. Wie ein Teich, 500 Quadratmeter groß und zehn Meter tief, liegt sie hier im Wald, die große Karstquelle; ringsherum sind Wege angelegt. Hauptsächlich das Wasser der Südharzer Flüsse Oder und Sieber ist es, welches hier zu Tage tritt. Die Karstlandschaft, geprägt von Kalkstein, Dolomit, Gips und Steinsalz macht's möglich. Aufgrund der Wasserlöslichkeit des Gesteins versickern die Ströme unterirdisch und treten hier vor meinen Augen wieder zu Tage; *Rhume – Leine – Aller – Weser – Nordsee* lautet der weitere Verlauf des Wassers.

Von hier an folge ich dem *Europäischen Fernwanderweg E6*. Er ist erstaunlich deutlich durch kleine Aufkleber mit dem weißen Andreaskreuz auf schwarzem Grund markiert, die an etlichen Laternenpfählen kleben. Ich wandere durch die Gassen von Rhumspringe. Der Ort ist mit 2.000 Einwohnern Teil der Samtgemeinde Gieboldehausen. Ich lese ein Bronzeschild: *1250 – 2000, 750 Jahre Rhumspringe.* Auf dem Wappen prangt ein großer Fisch. Viel Aufregendes gibt es sonst nicht zu berichten von meiner Tour über den Ortschaftsasphalt. Eine kleine Bogenbrücke fällt mir noch ins Auge – ich mag Brücken und Bauwerke!

Ich verlasse die Ortschaft entlang der Straße in Richtung Rüdershausen und wandere dann links über Feldwege, immer dem X des *E6* folgend. Ich steige in den Wald hinauf. Im Schatten der Baumkronen rauscht linker Hand ein kleiner Bach ins Tal. Plötzlich sind sie nicht mehr da, die Kreuze des Fernwanderwegs. Ein Blick auf die Karte: Egal und weiter! Auch wenn ich ungewollt den *Waakeberg* (253 m) passieren sollte, so würde ich oben zwangsweise wieder auf den *E6* stoßen, falls er es denn nicht sowieso ist.

Der Weg wird schmaler und unwegsamer; rechts eine größere Wiese. Ich muss gebückt weiter ansteigen, über mir Zweige und Geäst, alles ordentlich zugewuchert. Oben gelange ich wieder ins

Freie, halte mich rechts am Waldrand entlang, und sehe gegenüber, am anderen Ende des Feldes eine Baumreihe, die eben so aussieht, als verliefe entlang ihrer ein Weg. Gut! Und plötzlich taucht im Dickicht das weiße Andreaskreuz auf. War ich also doch richtig? Mitten auf dem Feld am *Kuhhirtsberg* steht ein Seitenbegrenzungspfahl, solch einer, wie man ihn entlang von Landstraßen findet. Daran die Markierung des *E6 (Ostsee – Wachau – Adria)*, aber weit und breit keine Straße, um mich herum nur Felder, Wiesen und Wälder.

Den Harz mit seinen Bergketten erkenne ich nur noch aus der Ferne. Das Wetter ist vorzüglich: Sonne pur, angenehm warm um 20 °C und ein seichter Wind, der um meine Ohren weht. Oben folge ich dem hier wieder gut markierten *E6*, welcher mich auch  sogleich in den abermals zugewucherten Wald schickt. Ich folge einem Weg, der eher mal ein Weg gewesen ist. Aber am Ende gelange ich schließlich auf Asphalt. Mit der Sprühdose hat jemand rosafarben auf den Asphalt geschrieben: „Gibt Auf!"

„Niemals", denke ich mir, „immer weiter, immer weiter."

Gegen 13 Uhr erreiche ich die angekündigte Gaststätte, das *Forsthaus Hübental*, das wider Erwarten geöffnet hat. Montag ist Ruhetag, nicht Dienstag!

Ich bin der einzige Gast, lasse mich draußen an den Tischen nieder und bestelle ein alkoholfreies Weizen. Durst habe ich! In der Sonne trockne ich von den schweißtreibenden Anstiegen. Es ist schon ein Unterschied, ob man fünf oder zwanzig Kilo Gepäck mit sich herum schleppt. Ich schreibe Tagebuch, und bestelle den zweiten Halben von der gleichen Sorte. Ein genialer Trank! Meine Fersen schmerzen, also nehme ich derweil die Füße aus den Stiefeln; die kühle Luft tut gut. Mit Erschrecken stelle ich fest, dass mein Funktionsshirt nicht mehr da ist. Gestern hatte ich es gewaschen, und da es über Nacht nicht vollständig getrocknet war, hatte ich es außen mit der Jacke an den Rucksack gebunden. Habe ich es mir etwa im Dickicht des *Kuhhirtsbergs* abgestreift? Aber mit Sicherheit kann ich das wohl nicht sagen, zumal ich den Rucksack zuletzt auf dem Radwanderweg vor Rhumspringe abgesetzt hatte. Nein, es gibt kein Zurück, sondern nur ein Voran! Nun habe ich nur noch ein Wander-T-Shirt. Es hilft nichts, ich muss weiter und Schwund gibt's überall.

Über die Felder stiefele ich nun hinunter in die Ortschaft Breitenberg. Ein kleines Nest im Landkreis Göttingen, dessen abermals ansteigende Dorfstraßen ich beschreite. Es geht wieder hinaus aufs Feld, hoch und runter. Hinter den Feldern eröffnen sich mir sagenhafte Harzblicke. Davor, inmitten des Feldes eine Bäuerin mit Kopftuch auf einem Hänger, gezogen von einem uralten Traktor. Mit der Forke schaufelt sie den Mist aufs Feld, so wie man es sich von Früher vorstellt – unterwegs im Eichsfeld – wunderbar!

An einer von Brennnesseln zugewucherten Sitzgruppe raste ich, trampele das Wildkraut nieder und entspanne bei Speis und Trank aus dem Rucksack. Ich meine, den langen Harzer Höhenzug *Auf dem Acker* erkennen zu können und oben die kleine feine Spitze der *Hanskühnenburg*; ansonsten der *Wurmberg* mit seiner Schanze. Ich vertilge die letzten Zwei der vier hart gekochten Eier, diverse Müsliriegel, ansonsten einzeln verpackte Haferkekse.

Frisch und gestärkt marschiere ich weiter und erreiche schon bald Duderstadt mit seinen knapp 23.000 Einwohnern. Eine auffallend schöne Fachwerkstadt im südöstlichen Niedersachsen. Ab ins Zentrum! Ich frage mich bis zum Marktplatz durch. In der Apotheke kaufe ich speziell zuschneidbares Blasenpflaster und raste kurz auf einer Bank. Sichtlich viel los ist hier auf den Kopfsteinpflastergassen, im Gegensatz zum Rest des Weges. Ich versuche in den Straßen meinen Weg nach Süden zu finden, kaufe mir auf dem Weg beim Schlachter eine Eichsfelder Mettwurst und lese auf einem Stein: *Eichsfeld unteilbar: Duderstadt Worbis Heiligenstadt.*

Ich wandere durch einen Park, halte mich wieder südlich und frage einen Mann im Vorgarten nach dem kürzesten Weg nach Gerblingerode sowie nach einem Supermarkt.

„Vorn die Straße links 500 m ist ein Penny mit Bäcker. Nach Gerblingerode vorne rechts, also in die entgegengesetzte Richtung."

Also stiefele ich die gnadenlos ungedämpften Straßen entlang, meine Fersen schmerzen! Ich kaufe Mineralwasser, Joghurt, Kekse und Bananen, was meinen Rucksack nicht unbedingt leichter macht. Aber ich will ja draußen übernachten, wer weiß, wo ich die nächste Gelegenheit zum „Auftanken" erreiche. Bei der Bäckerei kaufe ich eine Kartoffelkruste und unterhalte mich mit der Frau hinter der Theke. „Was, vom Harz in den Thüringer Wald, da halten Sie doch sicherlich ab und zu mal den Daumen raus, oder?" Ein bisschen mitleidig guckt sie und schiebt mir noch eine größere Portion „Probierkuchen" über den Tresen und lächelt: „Das können Sie sicherlich gut gebrauchen."

Wieder marschiere ich über harten Asphalt. Es ist kein Zuckerschlecken, der Weg hinaus über den Hügel nach Gerblingerode, durch den Ort und hoch hinaus auf den *Pferdeberg*. Immerhin ergattere ich eine prächtige Aussicht auf Duderstadt. Ich passiere einen hölzernen Aussichtsturm, aber der Ausblick vom Wegesrand ist ausreichend schön. Am anderen Ende des Berges und zugleich des Waldes gelange ich schließlich zur Schutzhütte, auf die ich spekuliert hatte. Es ist 17:40 Uhr; Ankunft!

Am Hang stehen zahlreiche dieser steinernen Bildstöcke. Davon gibt es im katholischen Eichsfeld nicht wenige. Die

ck vom Waldrand des *Rotenbergs*
er Pöhlde, im Hintergrund der Harz

Der Radwanderweg von Pöhlde nach Rhumspringe

umequelle

Europäischer Fernwanderweg E6

der nördlich von Duderstadt

Das ländliche Untereichsfeld

31

Auf dem Weg von Breitenberg nach Duderstadt durch das nördliche Eichsfeld

Im Zentrum von Duderstadt, Landkreis Göttingen, Niedersachsen

Fachwerkhäuser in Duderstadt

Blick auf Duderstadt vom südwestlich gelegenen *Pferdeberg*

Schutzhütte ist geräumig, mit Steinplatten ausgelegt und nach vorn abgesehen von einer hüfthohen Wand offen. Davor erstreckt sich ein Panoramablick nach Westen: Felder und Ortschaften. Vor der Hütte verläuft eine asphaltierte Waldstraße, auf der ab und zu ein Auto fährt, ansonsten Spaziergänger passieren.

Ich esse Abendbrot. Nebenbei überlege ich, ob ich nicht besser einfach irgendwo im Wald schlafen soll, wo niemand vorbei kommt. Aber was, wenn es regnet und windet? Lieber hätte ich eine Hütte mitten im Wald gehabt, aber weit und breit gibt es keine Alternative. Ich breite mein Matratzenlager direkt hinter der hüfthohen Vorderwand aus, eben so, dass mich vom Weg aus niemand sehen kann. Ich liege hinter der Balustrade und höre die Spaziergänger, aber niemand weiß, dass ich hier bin. Ebenso kommt niemand auf die Idee, in die Hütte zu schauen, die von vorn wie eine überdimensionierte Bushaltestelle erscheint. Ich schreibe Tagebuch und warte darauf, dass es dunkel wird.

20:30 Uhr, endlich wird es dunkel. Ich versuche zu schlafen, kann es aber nicht. Unregelmäßig fahren Autos vorüber, sie werden weniger. In der Ferne höre ich Sirenen, dann die aus-rückende Feuerwehr. Unten in der Ferne vereinzelte Lichter der Ortschaften. Ich befinde mich hier genau an der Ländergrenze Niedersachsen (Gö) – Thüringen (EIC). Lange nichts mehr, dann fährt ein Wagen vorbei. Ich höre, wie er auf Schotter wendet und vor der Hütte hält. Musik verstummt, eine Person steigt aus. „Klick!", ich rieche Zigarettenrauch und sehe die Silhouette eines Mannes und seines Autos an der Hüttenwand. Ich halte die Luft an und bleibe leise. Zunächst denke ich: „Mist, jetzt kommt ´ne Gruppe Halbstarker mit ´nem Sechserträger und der Abend ist gelaufen." Aber so kommt es nicht, niemand betritt die Hütte. Ich liege weiterhin unentdeckt hinter der Vorderwand, höre Pinkelgeräusche, dann das Schlagen der Autotür. Der Motor geht an und der Wagen fährt davon. Durchatmen! Vielleicht hätte ich

auch einfach hinter der Blende aufspringen sollen: „Buaahh!"
Wer hätte sich wohl mehr erschreckt?

Kurz vor 22 Uhr fährt noch ein letzter Wagen vorbei, dann
bleibt es ruhig. Nein, es beginnt zu stürmen! Die Bäume rauschen
ganz gewaltig über mir und irgendwas klappert ständig an der
Hütte. Rascheln! Der Wind fegt trockene Blätter umher. Schlafen
kann ich immer noch nicht. Die Nacht kommt, ich schnüre
meinen Schlafsack bis oben hin zu; schön warm ist mir. Nur ein
Lüftchen, das regelmäßig durch mein Gesicht streift.

Wieviel ich letztendlich schlafe, weiß ich nicht. Ich ruhe mich
immerhin ein wenig aus und regeneriere die Füße. Allein nachts
in einer Schutzhütte ist auch eine Erfahrung.

Schutzhütte auf dem *Pferdeberg* südwestlich von Duderstadt mit Panoramablick über das
Eichsfeld

Etappe 3: Duderstadt/*Pferdeberg* – Heiligenstadt

Harz → Thüringer Wald; *Mittwoch, 03. September 2008*

GÖ → EIC

Landkreis Göttingen → Landkreis Eichsfeld

Niedersachsen und Thüringen / Nördliches Eichsfeld

Die Strecke: Duderstadt/*Pferdeberg* (279 m ü.NN) → über die Felder, *Eichsfeldwanderweg* → Berlingerode (230 m ü.NN) → *Eichsfeldwanderweg* → *Kalte Linde* (400 m ü.NN), *Kapelle Etzelsbach* → Steinbach (330 m ü.NN) → entlang des *Wildwinkelsbaches* → Reinholterode (330 m ü.NN) → *Stadtweg*, unter der A 38 hindurch → Heilbad Heiligenstadt (250 m ü.NN).

Distanz: 25 km

Unterwegs: 7:30 – 13:30 Uhr, 6 h, 4.2 km/h

Das Wetter: Durchwachsen, überwiegend trocken, kühler Wind.

Ab 5 Uhr höre ich in der Ferne das Krähen eines Hahns. Abgesehen vom Sturm ist die Nacht ruhig verlaufen. Es hat geregnet, die Temperaturen sind gefallen und ich musste in den frühen Morgenstunden mein Mattenlager weiter in die Hütte verlagern, da der Wind den Regen vorn hinein wehte. Es wird hell, ich habe kaum geschlafen.

Um 6 Uhr stehe ich auf und packe. Ich muss die Jacke überziehen. Zum Frühstück gibt es Joghurt, eine Banane und Brot mit Eichsfelder Wurst. Ich löse meine Brausetabletten im Wasser – für den Weg. Zwischenzeitlich passieren die ersten Spaziergänger und morgendliche Jogger die Hütte. Um 7:30 Uhr mache ich mich auf den Weg.

Es soll vom *Pferdeberg* südlich nach Berlingerode gehen. Ich folge dem Verlauf der asphaltierten Wege, scheinbar nicht ganz so, wie es sein soll – Schilder gibt es keine. Ich navigiere mit Karte und Kompass über Feldränder und durch Gestrüpp südlich. Die Passage ist anstrengend. Obwohl es bedeckt, kühl und windig ist, schwitze ich. Ich erreiche eine Straße, die sich vor mir wie ein U zwischen den Feldern hindurch windet und halte mich südöstlich. Nach einer Weile erreiche ich eine Ortschaft, die sich kurz darauf als Berlingerode herausstellt. Die asphaltierte, zu dieser Zeit unbefahrene Landstraße war der *Eichsfeldwanderweg* gewesen, auch wenn ich es nicht gemerkt hatte. Folgt man einer in der Karte als Wanderweg markierten Linie, kann man sich in Thüringen wohl nie sicher sein, ob es sich um eine asphaltierte Landstraße handelt, die im Nachhinein flugs zum Wanderweg ernannt wurde, oder aber um einen echten Wanderweg. Da bin ich wohl aus dem Harz zu sehr verwöhnt. Fernwandern gehört einer anderen Kategorie an, da gibt man sich mit zielführenden Wegen zufrieden.

Die Gemeinde Berlingerode mit ihren 1250 Einwohnern gehört der Verwaltungsgemeinschaft Lindenberg/Eichsfeld an, die ihren Sitz im unweit nordöstlich gelegenen, doppelt so großen Teistungen hat.

Unbemerkt habe ich die Ländergrenze Niedersachsen – Thüringen überschritten. Ich wandere durch die Straßen der Ortschaft. An einem großen Gebäudekomplex lese ich: *Staatliche Regelschule Lindenberg / Eichsfeld*. Der Begriff *Staatliche Regelschule* ist mir bis dato nicht bekannt. Später erfahre ich aber, dass es sich hierbei um eine Thüringer Schulform handelt, bei der sich Haupt- und Realschule unter einem Dach befinden. Hinter den Fenstern findet Unterricht statt. Natürlich gehe ich nicht ganz unbemerkt vorüber. Ein Wanderer mit Sack und Pack ist hier wohl eine eher seltene Spezies, die auf jeden Fall spannender ist als das Geschehen an der Tafel.

Gut gekennzeichnet durch kleine Aufkleber an Laternenpfählen, folge ich dem *Eichsfeldwanderweg* aus dem Ort hinaus und stehe an einer unbeschilderten Kreuzung, von der vier Wege abführen. Ich merke, dass ich mein kleines Isositzkissen verloren habe; auch dies ist irgendwo vom Rucksack abgefallen. Egal! Nach Kompass und Karte folge ich einem asphaltierten Weg südöstlich. Es geht am Waldrand entlang, rechts und links Wiesen. Vor mir steht ein Bulle mitten auf dem Weg. Er wechselt nervös von einer Seite zur Anderen und wieder zurück. Seitlich befinden sich abgezäunte Kuhweiden mit weiteren Tieren. Das braune Tier trägt einen gelben Ring durch die Nase. Mir ist etwas mulmig zu Mute, aber ich gehe vorbei und der kleine Bulle guckt nur verdutzt. Dann geht der Asphalt in teils grasüberwucherten Schotter über und ich muss ansteigen.

Weiterhin gibt es keine Wegmarkierung; die Karte sagt *Alte Burg*, aber es ist nichts dergleichen zu erkennen. Ich passiere weitere Rinder, die einfach so am Wegesrand im Gras liegen, wo nun keine Zäune mehr benötigt werden. Hier ist nichts los, denn in meinem Vorübergehen stehen sie allesamt überrascht auf. Inmitten weiter, von Wald eingefasster hügeliger Wiesen ein prächtiger Laubbaum mit einer mächtigen Krone; darunter die Kühe. Hoch und runter windet sich der Schotterweg, auf dem ich wandere und immer rauer wird er. Schließlich steige ich auf lehmigem Boden mit Geröll steil an. Ein großer Geländewagen, Kennzeichen EIC, kommt mir entgegen, der auf dem rauen Untergrund mächtig hin- und her schwankt. Der Förster steigt aus und geht zu seinem Hochsitz. Ich frage ihn, ob ich hier richtig bin, auf dem *Eichsfeldwanderweg* zur *Kalten Linde* bzw. nach Steinbach. Er lacht und nickt: „Ja, das passt schon, oben kommt eine kaum befahrene Landstraße, dort rechts, dann kommen Sie nach Steinbach." An der asphaltierten Straße erkenne ich dann eine Markierung an einem Baum, auch wenn ich sie jetzt nicht mehr brauche.

Die Fersen schmerzen! Die Straße führt mich aus der

Bewaldung heraus über die Felder und durch eine Senke. Hier auf den Bänken vor der *Kapelle Etzelsbach* raste ich. Die Füße aus den Stiefeln zu nehmen tut gut; es ist 10 Uhr. Das Äußere des Gotteshauses kommt fast einer kleinen Oase gleich. Ein kleines bewachsenes Stückchen Erde inmitten der weiten Felder und Wiesen. Schräg gegenüber auf der anderen Straßenseite steht ein schöner Bildstock. Im Inneren der von Bäumen umringten roten Backsteinkapelle befinden sich lange Holzbänke, über meinem Kopf eine gotisch geschwungene Decke in mattem Weiß. Sie wird von zwei Säulen symmetrisch gestützt; dazwischen auf einer Anhöhe steht der Altar unter drei hohen, schmucken Buntglasfenstern.

Weiter entlang der Straße erreiche ich Steinbach (Eichsfeld). Mit knapp 600 Einwohnern ist das Örtchen Teil der Verwaltungsgemeinschaft Leinetal, die ihren Sitz in Bodenrode-Westhausen hat, gelegen unweit südlich der A 38. Dieses wird durchflossen von einem oberen Abschnitt der Leine, welche auch Heiligenstadt und später Niedersachsens Hauptstadt Hannover durchfließt, um letztendlich in die Aller zu münden (Leine – Aller – Weser – Nordsee).

Ich sehe nur die Wegweiser für Autos, *Reinholterode 2 km, Heiligenstadt 10 km,* und halte mich südlich bis zum Ortsausgang. Den Abzweig des *Eichsfeldwanderwegs* habe ich natürlich verpasst. Zurückgehen ist doof, also entscheide ich mich, dem Straßenverlauf zu folgen. Kurz vor der hohen Trasse der A 38 halte ich mich rechts über frisch gemähte Wiesen am Waldrand entlang, immer parallel zum *Wildwinkelbach*. Ein Bauer schichtet mit seinem Trecker lange Reihen von Heu um. Wir winken uns zu.

Am Ende erreiche ich eine Straße, auf der gerade Bauarbeiten für einen neuen Belag stattfinden. Viele Maschinen, aber kein Autoverkehr. Mit dem Geruch von frischem Teer in der Nase stehe ich am Ortsschild von Reinholterode, ebenfalls Teil der

m *Pferdeberg* über die Felder südlich; an der Ländergrenze Niedersachsen - Thüringen

ndstraße vor Berlingerode, zugleich
hsfeldwanderweg

Inmitten von umzäunten Weidewiesen ein
kleiner Bulle auf dem Weg

ndrücke auf dem *Eichsfeldwanderweg* von Berlingerode zur *Kalten Linde*

Von der *Kalten Linde* nach Steinbach (Eichsfeld)   *Kapelle Etzelsbach*   Bildstock

In der *Kapelle Etzelsbach*   Steinbach (Eichsfeld)

Unterwegs nach Reinholterode,
lang gestreckte Wiesen am *Wildwinkelbach*

Der *Stadtweg* von Reinholterode nach
Heilbad Heiligenstadt

Verwaltungsgemeinschaft Leinetal im Landkreis Eichsfeld. Auf einer Bank verschnaufe ich und trinke den letzten Rest meines Getränkevorrats. Ich ziehe weiter die Straße hinauf. Ein Mann winkt von einem Gerüst herunter und ist dabei, ein Fachwerkhaus zu streichen, Radiomusik ertönt; ich winke zurück. An der Kreuzung lese ich *Stadtweg* und folge ihm aus dem Ort heraus.

Es geht über Felder und Wiesen voran. Die Schmerzen meiner Fersen werden stärker. Eine lange Zielgerade, aber immerhin ist es eine: Ab nach Heiligenstadt! Nach einer Weile lasse ich mich am Feldrand ins Gras fallen, vorerst kann ich nicht mehr. Ich stopfe mir Kekse und Müsliriegel in den Mund. Ein Trecker fährt vorbei, man winkt sich zu. Ich bleibe noch ein Weilchen ausgestreckt liegen, die Rolle des Schlafsacks unter dem Kopf. Dann geht es weiter, das Wetter wechselhaft.

Ich wandere unter dem Beton der A 38 hindurch. Der Blick durch den Tunnel: Am Ende Felder und Licht. Mein Tunnelblick: Ich will nur noch nach Heiligenstadt! Marschieren macht keinen Spaß mehr, auch wenn die Landschaft schön ist. Zur Ablenkung singe ich zweimal in voller Länge laut das *Bergmannslied*: „Glück Auf, Glück Auf, der Steiger kommt..." Das hilft, es lenkt ein wenig ab. Es ist gefühlt noch ein sehr langer Marsch, bis ich die Bahnschienen vor Heiligenstadt erreiche. Noch viel länger fühlt sich der Marsch durch die Stadt an. Erst gehe ich fälschlicherweise unter der Bahn durch und stehe in einer Sackgasse. Es sind nur ein paar Meter, aber jetzt zählt jeder Meter doppelt. Ein Mann bewahrt mich vor der nächsten Sackgasse, indem er mir hinterher ruft. Durch einen Park, dann bin ich in der Stadt, frage mich ins Zentrum durch und finde schnell die

Die Trasse der A 38

Unter der A 38 hindurch

41

„Nur noch ein paar Schritte" bis Heiligenstadt im *Leinetal*

Petristraße. Nur noch ein kurzes Stück und ich erreiche im südlichen Heiligenstadt meine Herberge in der *Lessingstraße.*

Es ist 13:30 Uhr, ich stehe vor verschlossener Tür. Rätselnd stehe ich da, keine Klingel. Soll ich anrufen? Doch schon öffnet ein Mann die Tür: „Meine Pensionsgäste haben abgeschlossen, Sie sind der Wandersmann ja?"

„Ja, bin ich, habe ein Zimmer gebucht, für heute reicht's mir."

„Sieht man Ihnen an!", entgegnet er. „Füllen Sie hier die Kurkarte aus. Sie haben ein 22 €-Zimmer bei meiner Frau gebucht, da müssen Sie nochmal außen rum und die Treppe hoch, ich komm dann da hin."

Ich vertage das Ausfüllen auf später und beziehe mein Zimmer. Geschafft werfe ich das Daunenbettzeug auf das zweite Bett, breite meinen Schlafsack aus, trinke einen halben Liter Wasser mit *Isostar*-Tablette, dusche, wasche meine verschwitzten Sachen von Hand durch, hänge sie auf und schlafe zwei Stunden.

Gegen 17 Uhr mache ich auf schmerzenden Fersen aber ohne Gepäck einen kurzen Abstecher in die Stadt. Es regnet. Ich kann kaum auftreten, tippele vor mich hin. Im Drogeriediscounter kaufe ich drei Liter Getränke, Fersenpolster und Hirschtalgsalbe mit *Panthenol* für die geschundenen Füße. Wieder zurück im Zimmer creme ich sie ein. Das hilft schon sehr. Ich esse Brot mit Eichsfeldwurst, dann Pflaumenkuchen von der Bäckerei. Ich lege die Beine hoch und schreibe Tagebuch.

Um 20:30 Uhr gehe ich hinüber in die Gaststube, esse Wildschwein mit Thüringer Klößen und Rotkohl und trinke zwei Nullvierer Bierlängen *Radeberger*. Wird ja auch mal Zeit, auf die ersten drei Tage zu prosten. Es sind noch zwei andere Tische belegt. Es wird Karten gespielt, aber es ist ruhig. Ich frage nach der Wettervorhersage.

„Soll ja nicht so gut werden, aber der allgemeine Wetterbericht gilt eh nicht für das Eichsfeld, meist kommt's schon vorher runter", erfahre ich.

Nach dem Essen ziehe ich mich zurück, gucke fern und schmiere die Fersen dick mit *Voltaren* ein. Gegen 22 Uhr lege ich mich mit einem Gramm *Acetylsalicylsäure* schlafen, nachdem ich noch anderthalb Liter getrunken habe.

Um den Druckschmerz der Fersen zu mindern, war ich den ganzen Tag anders aufgetreten als sonst. So befand sich nun der gesamte Fuß in einem desolaten Zustand. Solche Probleme beim Wandern hatte ich bisher nicht gehabt. Sollte ich in Heiligenstadt doch einen Tag Pause einlegen? Na, erstmal sehen, was die Nacht bringt!

22 €-Zimmer in Heiligenstadt

Etappe 4: Heiligenstadt – Schimberg/Ershausen

Harz → Thüringer Wald; *Donnerstag, 04. September 2008*

EIC

Landkreis Eichsfeld

Thüringen / Obereichsfeld, Naturpark Eichsf.-Hainich-Werratal

Die Strecke: Heilbad Heiligenstadt (250 m ü.NN) → *Heiligenstädter Stadtwald*: *Iberg, Klöppelsklus* (420 m ü.NN), *Alte Chaussee, Forsthaus Kellner, Linie* → Lutter (300 m ü.NN) → *Dieteröder Klippen* (520 m ü.NN) → Rüstungen (300 m ü.NN) → Ershausen (220 m ü.NN).

Distanz: 22 km

Unterwegs: 10:00 – 16:50 Uhr, 6 h 50 min, 3.2 km/h

Das Wetter: Erst sonnig, dann bedeckt, durchweg trocken und kühl.

Um 8:30 Uhr klingelt der Wecker. Ein Blick aus dem Fenster: Trocken und sonnig. Das übliche Spiel: Packen. 9 Uhr Frühstück, es ist einfach: Zwei Brötchen, ein Ei und Kaffee. Danach den Rest zusammen packen. Zwei Liter Getränke ansetzen; zusätzlich noch Saft und Mineralwasser, lieber zu viel als zu wenig! Hirschtalgsalbe und *Voltaren* haben Wunder gewirkt. Außerdem habe ich die eingecremten Füße über Nacht pflasterfrei und trocken gelassen, vielleicht war es besser so. Ich gebe meinen Schlüssel ab und setze mich samt Marschgepäck für eine kurze Fotostrecke in die Altstadt Heiligenstadts ab. Die vielen kleinen Gassen, Kopfsteinpflasterpassagen, Fachwerkhäuser und imposanten Kirchen beeindrucken mich.

Ich marschiere südwärts die Asphaltstraßen entlang, die Füße schmerzen nur noch wenig – auf in den Tag! Um 10:40 Uhr stehe ich am Ortsausgang in Richtung Bernterode. Ein paar Schritte

Kopfsteinpflasterstraßen und enge Gassen im Zentrum von Heilbad Heiligenstadt

Imposante, aber auch baufällige, schöne alte Bauten im Stadtbild Heiligenstadts

Kontrastreiche Eindrücke in der thüringischen Stadt zwischen Unter- und Obereichsfeld

45

weiter beginnen die Waldwege. Ich steige am *Iberg* in den *Heiligenstädter Stadtwald* auf. Das Marschieren funktioniert wieder erstaunlich gut. Ich merke aber, dass ich zu Beginn dieser Fernwanderung zu stark gegen meinen Körper gearbeitet habe. Man muss sich im Zweifel mehr Zeit lassen; das ist nicht immer ganz einfach. Wie oft marschiert man stundenlang, zu faul, den Rucksack abzusetzen, worin die durstlöschenden Getränke schlummern: Weiter, weiter, voran kommen, gerastet wird später. Vielleicht muss man erstmal reinkommen. Die ersten drei Tage dienen der Orientierung, dann weiß man, wie der Hase läuft und es geht aufwärts. Lektion gelernt: Erstens Füße eincremen! Zweitens regelmäßig rasten, Füße trocken halten, also entweder trocknen lassen, oder Socken wechseln.

Steinige Wege führen mich auf den 420 m hohen *Klöppelsklus*. Oben folge ich an der Kreuzung der *Alten Chaussee* in Richtung *Forsthaus*. Ich treffe einen älteren Mann, der mich sogleich freundlich nach meinem Unterfangen fragt; wo ich her käme und wo ich denn hin wolle?

„Heute aus Heiligenstadt und Richtung *Dieteröder Klippen*; insgesamt aus dem Harz und letztendlich in den Thüringer Wald."

„Was? Und das alles zu Fuß, das ist ja schon mal was! Sie sind wohl ein Einzelkämpfer... und ich sehe, Sie haben ja auch allerlei gute Ausrüstung dabei. Dann wünsche ich noch weiterhin gutes Gelingen."

Auf breit ausgebauten Waldwegen geht es weiter und schließlich noch einige hundert Meter an der Straße entlang, die über den *Stadtwald* hinweg führt. Um 11:30 Uhr stehe ich am *Forsthaus Kellner*. Ich kehre ein, lüfte unter dem Tisch die Füße, bestelle ein alkoholfreies Weizen sowie eine Fleischbouillon mit Ei und Gehacktem. Nebenbei schreibe ich Tagebuch, so vergeht die Zeit schnell. Erst um 12:50 Uhr breche ich wieder auf.

Ich marschiere die *Linie* hinunter, eine schnurgerade, breit geschotterte Waldstraße. *Lutter 2,4 km*, sagt das Schild. Zum ersten Mal fallen mir die Abstiege aufgrund der Fersensituation schwerer als die Aufstiege, bei denen man mit dem Vorderfuß auftreten kann. Die Abstiege hingegen verlagern die ganze Wucht des Körpers immer wieder auf den Hacken. Ich schnüre die Stiefel enger, um jegliches Rutschen des Fußes zu verhindern. Dann stehe ich am Waldrand und blicke über weite Wiesen. Inmitten eines flachen Tals liegt das Örtchen Lutter. Zu beiden Seiten oberhalb der Wiesen erstrecken sich Laubwälder, der blaue Himmel ist vereinzelt durchsetzt von kleinen Schäfchenwolken. Ich begebe mich hinunter in den Ort, der auf seinen Schildern auslobt, dass die Gemeinde Lutter Sitz der *Naturparkverwaltung Eichsfeld-Hainich-Werratal* ist. Die Gemeinde, bestehend aus den Orten Lutter und Fürstenhagen, ist Teil der Verwaltungs-gemeinschaft Uder und liegt mit ihren 700 Einwohnern südwestlich des *Heiligenstädter Stadtwalds*.

Bei einer Frau im Vorgarten erkundige ich mich nach einem Dorfladen, denn mir ist schon wieder danach, etwas zu essen, was nicht aus meinem Rucksack stammt. Aber die Bäckerei hat Mittagspause – das hatte ich eigentlich auch erwartet. Ich ziehe durch die Straßen, vorbei an der großen gemauerten Kirche mit hohen Fenstern im romanischen Stil. Der Hauptstraße folgend erreiche ich den Ortsausgang in Richtung Kalteneber. Es ist 13:40 Uhr. Auf gen *Dieteröder Klippen*! Entlang der Straße passiere ich erst eine Schafherde, dann einen Pulk Kühe, die mich neugierig mustern. Es geht vorbei am

Die Kirche von Lutter (Eichsfeld)

In Lutter auf der Hauptstraße

Am Ortsausgang Lutters

„Wer bist Du denn? Dich haben wir hier noch nie gesehen!"

Sportstadion bis zum Abzweig nach Fürstenhagen. Kurz dahinter folge ich einem breiten Schotterweg in den Wald und wandere entlang eines Baches, so wie es die Karte prophezeite. Die Karte weist für diese Strecke einen *gelben Balken* aus. In der Natur gibt es aber weder Schilder noch solch eine Markierung. Der Bach und der Straßenabzweig sind jedoch eine gute Orientierungshilfe. Es geht mit leichter Steigung eine ganze Weile südlich weiter. Ich habe mein Marschtempo gefunden. Es tropft vom Schirm meiner Mütze, welche die Schweißperlen von der Stirn nach vorn transportiert. Ich wechsle von der Karte *Nördliches Eichsfeld* auf

ck vom *Heiligenstädter Stadtwald* auf Heiligenstadt   Südlich des *Stadtwalds* vor Lutter

same Landstraßen im Obereichsfeld   Blick von den *Dieteröder Klippen*

ck von den *Dieteröder Klippen*   Gemeinde Schimberg: Von Rüstungen nach Ershausen

Südliches Eichsfeld – Hainich – Werratal und stehe im gleichen Zuge an einer Weggabelung. Wie praktisch, dass sich diese genau auf dem Kartenrand befindet. Natürlich gibt es außer einem Schild *Rettungspunkt EIC...* keinerlei Wegweiser. Ich entscheide mich fälschlicherweise für links und steige weiter an; rechts eine Wiese, links Wald. Nun lese ich ein Schild *Reitweg*, aber das hilft mir auch nicht weiter. Es geht unter einer kleinen, massiv gemauerten Bogenbrücke hindurch und ich stehe an einer Landstraße. Endlich kann ich in der Karte ein Brückensymbol erkennen. Vermutlich verlief hier einst eine Bahnlinie. Eine einsame Landstraße, in alle Richtungen weite Felder und Wälder, aber ich weiß wieder, wo ich bin. Ein kleiner Umweg, aber entlang der Straße gelange ich rechts in Richtung *Dieteröder Klippen*. Ein ganzes Stück entlang der Straße über das freie Land. Ab und zu braust ein Auto vorbei, keine Mittellinie. Dann sehe ich rechts den Weg, über den ich gekommen wäre, hätte ich an der Gabelung den rechten Weg genommen, am Rand auch ein Schild, das auf eine alte Bahnlinie deutet.

Die Felder liegen in den unterschiedlichsten Braun-, Grün- und Gelbtönen da. Ich sattle kurz ab, stopfe ziemlich viele Kekse und Müsliriegel in mich hinein, spüle alles mit Mineralwasser hinunter und ziehe weiter. Es kommt der Abzweig zu den *Dieteröder Klippen*. Fortan folge ich auf einem Kammweg schönen Wanderpfaden. Ein eigenartiger Bewuchs kommt mir zu Gesicht. Schon zuvor hatte ich gelesen: *Panoramablick auf das Obereichsfeld; der dort wachsende Kalkmagerrasen und die Wacholderheiden ver-*

breiten Gebirgsstimmung; und genauso ist es. Es eröffnet sich mir nach Westen ein sagenhafter Ausblick auf Orte und Landschaften. Das weite Eichsfeld, die Orte Dieterode, Schwobfeld und weitere.

Ich marschiere auf trockenen Pfaden voran;

die Stimmung ist irgendwie mediterran. Wacholder, Kiefern, schroffe sandige Böden. Nach Osten zieht ein Weg eine Schneise in den Wald und eröffnet den Blick auf das Örtchen Krombach. Immer weiter auf dem Kammweg, dem *grünen Diagonalbalken* folgend, gelange ich schließlich hinunter an eine Straße. Ich treffe eine Frau, von der ich erfahre, dass ich

Über den Weiten des Obereichsfelds

mich nicht wie geplant zwischen Rüstungen und Krombach, sondern zwischen Dieterode und Rüstungen befinde. Ich wandere also durch Rüstungen und folge der Straße in Richtung Krombach. Nach einem kurzen Anstieg zweigt rechts ein Feldweg ab, es muss der Weg nach Ershausen sein, denn weit und breit kann ich keinen anderen Weg erkennen. Ich folge dem schroffen Feldweg und blicke über Felder, die in allen erdenklichen Farben dar liegen. Rechts des Weges, hinter einem frisch gepflügten Feld ein länglicher Wald. Erst lässt es sich gut gehen auf dem Weg, dann kommt eine Passage mit sehr grobem, vereinzelt verstreutem Schotter; darauf sind die Tritte schmerzhaft. Nie weiß ich, wo ich am besten hintreten soll. Zum ersten Mal wünsche ich mir den glatten Asphalt herbei, das will schon was heißen. Später werde ich lernen, dass es sich dabei um Reste des Gleisbettschotters einer alten Bahnlinie handelt, die als Reparationszahlung nach dem zweiten Weltkrieg von den Russen demontiert und nicht wieder aufgebaut worden war.

Ich passiere eine Kuhherde, und sehe hier am Ende des Weges zum ersten Mal an einer Birke die Wanderwegmarkierung: Ein *gelber Querbalken*. Ich bin richtig und erreiche schnell Ershausen.

Ershausen ist Teil der Gemeinde Schimberg, Verwaltungsgemeinschaft Ershausen-Geismar. Die thüringische Gemeinde im Obereichsfeld hat insgesamt 2400 Einwohner und besteht aus den Ortsteilen Ershausen, Lehna, Martinfeld, Misserode, Rüstungen und Wilbich.

An der Hauptstraße finde ich um 16:50 Uhr auf Anhieb eine Pension. Ich bekomme für 20 € ein äußerst gepflegtes Einzelzimmer mit Bad und Fernseher. Kann es besser gehen? Ich entspanne, dusche, schreibe Tagebuch, sehe fern; ideale Bedingungen für einen erfolgreichen morgigen Marsch. Das Ziel ist wieder einen großen Schritt näher gekommen.

Durch das schöne und einsame Obereichsfeld bin ich heute gewandert. So viele Eindrücke! Der ursprüngliche Plan einer Schutzhüttenübernachtung hatte sich zerschlagen, als ich an den *Dieteröder Klippen* wider Erwarten keine Hütte fand. An sich keine schlechte Sache, weiter zu marschieren, damit der morgige Marsch nach Treffurt nicht all zu lang werden würde und ein Pensionsbett ist auch eine feine Sache.

Gegen 20 Uhr begebe ich mich nach unten in die Gaststube. Es ist bereits viel los; alle kennen sich mit Vornamen und an der Wand hängen Bilder der Ershausener Fußballmannschaft. Nach einigen Runden Bier und Kurzen machen sich zwei Männer mittleren Alters vom Acker. Regelmäßig kommen aber neue junge Leute hinzu. Die übliche Grußformel lautet: „N'abend" und wird ausnahmslos von Jedermann beim Eintritt gebracht. Ich trinke *Krombacher* vom Fass und lerne, dass dieses nicht aus dem

nenpower in Ershausen   Schimberg/Ershausen

Nachbarort Krombach kommt. Man hätte zwar versucht, nach
der Wende in Krombach (Thüringen) eine Zweigstelle der großen
Brauerei zu etablieren; allerdings sei die Verwirklichung an der
Wasserqualität gescheitert. Die Hauswirtin holt extra eine Flasche
aus dem Keller, um auf dem Etikett nachzusehen woher das Bier
denn nun stammt: Aus Kreuztal im Sauerland. Die anderen Gäste
trinken allerdings vermehrt das regionale Weizen *Jacobinus*.
Zunächst esse ich ein *Schni-Po-Sa*, und schiebe gleich noch einen
Strammen Max hinterher; wandern macht hungrig. Nach der
dritten Nulldreier Bierlänge – üblich scheint jedoch die Einheit
Nullzwei: „Noch fünf Kleine bitte!" – gehe ich zum Zahlen an die
Bar. Eigentlich will ich wieder auf mein Zimmer, aber wie es so
ist, entwickelt sich an der Theke sogleich eine muntere
Konversation zwischen der Hauswirtin, Ingo und mir.

„Ich bin ja beim Bund einmal 35 km mit Gepäck marschiert,
und man weiß nie wohin mit dem blöden Gewehr. Und am
nächsten Tag standen sie alle bei den Sannis Schlange; allesamt
Fußprobleme, Blasen... einmal und nie wieder."

Ich entgegne: „Ja, mit Gepäck ist das schon schwerer, aber mit
den Füßen muss jeder den Trick für sich selbst herausfinden."

20 €-Pensionszimmer in Schimberg/Ershausen

Das Gespräch dreht sich noch eine ganze Weile um´s Wandern, um Wanderwege, über den Harz, das Eichsfeld...

„Die Eichsfelder sind ja schon immer sehr religiös gewesen, selbst zur DDR-Zeit, vielleicht da erst recht. Immer rechtschaffene, fleißige Leute, was man auch noch heute sieht."

„Gibt es hier in der Region eigentlich Probleme mit Rechtsextremismus?", frage ich.

„Nein, eigentlich hier im Eichsfeld gar nicht."

Also trinke ich in Gesellschaft doch noch zwei Bier, zumal sich das Gespräch so schön entwickelt hat und bekomme von der Hauswirtin gleich noch einen Thüringer Kräuter ausgegeben; *Aromatique* trinkt man hier zu Lande.

Zu späterer Stunde betritt ein fröhlicher junger Mann das Lokal, in der Hand eine Rose für die Hauswirtin. Er sei geistig behindert, bekomme ich nebenbei mitgeteilt, was man ihm allerdings nicht unbedingt anmerkt. Ershausen besitzt eine Spezialklinik mit 170 Arbeitsplätzen, darüber seien alle sehr froh. Die fitteren Patienten leben eigenständig in Privatwohnungen, werden unterstützend betreut und besuchen so zum Beispiel die Einrichtung nur zum Essen und Arbeiten. Der neue Gast des Abends gibt nun drei Lieder zum Besten. Das ganze Lokal hört zu und klatscht; während er singt zur CD im Hintergrund: „Habe ich nur einmal gehört; ich muss mich konzentrieren, aber dann reicht einmal anhören!"

„Jeder hat seine Talente; aber komisch; heute legt er hier seine Showeinlage ab und wenn Du ihn morgen fragst, kann er seinen Namen nicht auf einen Zettel schreiben. So ist das", höre ich.

Was ich sonst noch so lerne: Schimberg heißt die Gemeinde, quasi von Außen aufgezwungen, obwohl Ershausen ja der größte Ort sei. Man müsse heute schon Schimberg auf den Brief schreiben, sonst käme der nicht an. Ershausen reiche nicht aus. Außerdem hätten sich seit der Wende die Telefonvorwahl und Postleitzahl nicht nur einmal geändert. Nervig sei das, besonders für Geschäftsleute, zumal man da ständig neue Visitenkarten drucken müsse. Selbst die Straßennamen und Hausnummern blieben nicht unangetastet.

Gegen 23 Uhr verabschiede ich mich schließlich und gehe schlafen; der nächste Tag kommt bestimmt!

„Geh ruhig die Radwege an der *Werra* nach Treffurt, falls Du die Wanderwege nicht findest. Die wurden zum Teil vor zehn Jahren mal als ABM erschaffen, und seither hat sich viel verändert", gibt mir Ingo mit auf den Weg.

Etappe 5: Schimberg/Ershausen – Treffurt/Falken

Harz → Thüringer Wald; *Freitag, 05. September 2008*

EIC → ESW → UH → WAK

Landkreis Eichsfeld → Werra-Meißner-Kreis (ESW für Eschwege) → Unstrut-Hainich-Kreis → Wartburgkreis

Thüringen-Hessen-Thüringen / Vom Obereichsfeld ins *Werratal*

Die Strecke: Ershausen (220 m ü.NN) → Wilbich (260 m ü.NN) → Geismar (210 m ü.NN) → *Hülfensberg* (448 m ü.NN) → *Werrataler Klosterweg*, Döringsdorf (340 m ü.NN), auf der Landesgrenze Thüringen-Hessen entlang, *Plesseturm* (400 m ü.NN), *Konstein* → B 249 → Wendehausen (300 m ü.NN) → *Radweg Unstrut-Werra* → *Burg Normannstein* (260 m ü.NN) → Treffurt (180 m ü.NN) → *Werratal Radwanderweg* → Treffurt/Falken (180 m ü.NN).

Distanz: 28 km

Unterwegs: 9:30 – 19:00 Uhr, 9 h 30 min, 2.9 km/h

Das Wetter: Erst bedeckt und schwül, dann sonnig warm, abends wieder bedeckt, durchweg trocken.

Um 8:30 Uhr gibt es Frühstück: Zwei Brötchen, zwei Scheiben Brot, ein Ei, verschiedene Wurstsorten, Käse, Kaffee. Außer mir sitzen noch eine Frau und ein Mann im Frühstücksraum. Anschließend packe ich zusammen. Der Wasserhahn auf dem Zimmer ist zu niedrig; ich darf mir meine Flaschen in der Küche befüllen und bekomme gleich noch einen Apfel mit auf den Weg.

„Na Sie haben ja wenigstens alles aufgegessen; die Anderen weniger."

„Ich will ja auch, dass gutes Wetter herrscht!"

Um 9:30 Uhr stehe ich mit Sack und Pack vor der Tür und verabschiede mich. Beim kleinen *Nahkauf* kaufe ich eine Flasche

Mineralwasser, eine *Eichsfelder Stracke* und in der Apotheke nebenan eine neue Tube *Diclofenac*-Salbe gegen schmerzende Fersen. Vor dem kleinen Supermarkt fragt ein älterer Herr neugierig nach meinem Unterfangen.

Eichsfelder Stracke und Mineralwasser aus dem *Nahkauf* in Ershausen

In südlicher Richtung marschiere ich entlang der kleinen Landstraße in Richtung Geismar und halte mich am nächsten Abzweig links nach Wilbich, dessen Maßnahmen zur Dorferneuerung – dem Schild nach – von der Europäischen Union, der Bundesrepublik Deutschland und dem Freistaat Thüringen gefördert werden. Auf der engen *Hintergasse* geht es vorbei an Fachwerkhäusern bis zur Kirche; ebenfalls ein urig erscheinender Fachwerkbau, die Turmspitze mit Schiefer verkleidet. Ab hier, dem *Kirchplatz*, halte ich mich wieder südlich; erst durch ein Wohngebiet, dann die *Bergstraße* hoch hinaus auf die grünen hügeligen Wiesen. Ein schöner Wanderweg führt an Apfelbäumen vorbei. Ich blicke weit ins Land und kann schon den bewaldeten *Hülfensberg* erkennen,

Kirche von Wilbich

der sich wie ein überdimensionierter Maulwurfshügel über das Obereichsfeld erhebt. Es ist der *Naturparkwanderweg Creuzburg – Heiligenstadt*, gekennzeichnet durch ein *rotes Quadrat*, den ich hier beschreite.

Schnell gelange ich hinunter nach Geismar und wundere mich noch darüber, dass das Postauto hier im ländlichen Thüringen, das niedersächsisch-braunschweigische Kennzeichen BS trägt. Das *rote Quadrat* des *Naturparkwanderwegs* geleitet mich durch die Straßen von Geismar. Von der Verwaltungsgemeinschaft Ershausen-Geismar sprach ich bereits im Zusammenhang mit der Gemeinde Schimberg. Geismar mit seinen 1200 Einwohnern ist jedoch eine eigenständige Gemeinde. Die von langen Fachwerkhäuserreihen gesäumte *Friedensstraße* hinunter wandernd, sehe ich den steinernen Kirchturm. Der Weg führt mich zunächst in Richtung Bebendorf, das gemeinsam mit den Ortsteilen Großtöpfer und Döringsdorf zur Gemeinde Geismar zählt. Ein braunes Schild verweist auf die *Wallfahrtsstätte Hülfensberg*. An einer Art Dorfplatz steht ein niedliches kleines, leer stehendes Häuschen, dessen Dachstuhl leider bereits am Einstürzen ist. Dann führen mich schmale Wanderwege vorbei an weidenden Kühen steil empor auf den *Hülfensberg*, seitlich immer wieder Bildstöcke mit dem Leidensweg Jesu. Hoch hinauf auf den *Hülfensberg*, der mit seinem Wallfahrtskloster das Wahrzeichen des katholischen Eichsfelds darstellt. Ich schwitze unter der Sonne, auch wenn mir die Bäume Schatten bieten. Das Gepäck macht sich gut bemerkbar. Etwa hundert Meter vor mir sehe ich einen Artgenossen. Ist das etwa der erste Wandersmann, dem ich auf dieser Tour begegnen soll? Gemach, gemach, Schritt für Schritt geht es aufwärts. Nach einer Weile habe ich ihn eingeholt. Er trägt auch einen großen Rucksack, eine Isomatte ist zu erkennen.

„Glück Auf!", sage ich.

Er lacht: „Hallo, das sagt man doch nur Untertage."

„Und bei uns im Harz", entgegne ich.

Wir kommen ins Gespräch, von Wandersmann zu Wandersmann. Mark macht eine Viertagestour, kommt – wie ich auch – aus Heiligenstadt gewandert und will auf dem *Rennstieg* über den Hainich. Eigentlich kommt er aus Frankfurt, hat aber schon in Dresden, Hannover und Hamburg gewohnt. Das Gespräch geht in alle Richtungen, man muss sich erstmal mustern.

Geismar am Fuße des *Hülfensbergs*

„Mensch, eine Zwölftagestour machst Du? Tolle Sache! Und dann so ein kleiner Rucksack, naja, hast ja Außen auch allerhand angebunden... Hannover ist eine tolle Stadt, nicht zu groß, nicht zu klein. Nach Hamburg möchte ich nicht mehr; der Mentalitätsunterschied zu Dresden ist einfach zu groß für mich. Da oben bekommt man kaum Zugang zu den Leuten. Die sind so zurückhaltend, dass sie ja schon fast wieder verlogen sind. Aber Hannover, das hat mir gut gefallen... Ja ich bin hier regelmäßig: Thüringen und Sachsen haben eindeutig die schönsten Landschaften Deutschlands, besonders zum Wandern.“

Fachwerkhäuserreihen und ein zerfallendes Haus in Geismar

Auf dem *Hülfensberg*,
Wallfahrtskloster
im Obereichsfeld

Irgendwie muss ich ihm zumindest im letzten Punkt Recht geben; in der Tat ist dies eine wunderbare Wanderlandschaft! Wir steigen gemeinsam die letzten Meter hinauf zum Kloster. Ich merke schon, der Mann hat den Adlerblick, denn aus der Ferne erspäht er bereits lange vor mir jede Wegmarkierung.

„Naja, man muss schon aufpassen, wenn man sich nicht verlaufen will."

Oben angekommen, ist ein Mann dabei, mit einem Laubpuster Blätter umher zu wehen: „Ja für Sonntag muss hier alles fertig sein, da ist viel los."

Mark dreht eine Runde um die Gebäude. Ich setze mich schon mal an die Bierbänke und packe mein Picknick aus. Schon nach Kurzem stößt Mark wieder dazu: „Da hinten habe ich Wasser gefunden, falls Du Deine Vorräte noch auffüllen musst", sagt er. Ich habe noch genug aber Mark ist eh eine Nummer härter als ich. Er schläft generell im Zelt, holt sich sein Wasser von überall her, hat dafür spezielle Tabletten dabei. Einen Tipp hat er auch noch: „Auf Friedhöfen bekommst Du übrigens immer Trinkwasser, falls nicht, steht ein Schild dran."

Ich merke schon, er ist eher so der Überlebens-Typ; Pension und Einkehr kommen ihm nicht in die Tüte, mir schon. Gemeinsam lüften wir unsere Füße und essen. Ich lerne, dass man Müsli auch trocken essen kann. „Das ist nicht so süß, ich hab keine Lust, die ganze Zeit Kekse zu essen", schiebt er hinterher.

Die Sonne scheint, es ist warm. *Der Laubpuster* fragt: „Sagt mal, ich versteh das gar nicht; da lauft ihr hier so lange Strecken und immer in diesen dicken Stiefeln, muss das sein?"

„Ja!", antworte ich. „Erstens knickt man so nicht um, denn dann wäre ja die Tour gelaufen, und zweitens ist das für mich am bequemsten. Da muss man auch nicht so drauf achten, wo man hintreten kann. Man bekommt keine nassen Füße und überhaupt weiß ich gar nicht, ob anderes Schuhwerk diese lange Tour durchhalten würde."

Noch ein anderer Mann und ein Jüngerer fragen uns neugierig nach unserem Vorhaben. Dann drehen wir gemeinsam noch eine Runde um die Gebäude. Am großen hölzernen Kreuz auf der Höhe des *Hülfensbergs* genießen wir die Aussicht. Das obligatorische Portrait vor dem Hintergrund des Eichsfelds wird geschossen; Mark will allerdings nicht fotografiert werden. Er hat auch keine Kamera dabei, Bilder braucht er nicht. Vermutlich hat er alles in seiner Erinnerung. Ein Blick ins Innere der Kapelle; dann steigen wir am Hang wieder hinab. Es geht hinunter nach Döringsdorf, wie zuvor bereits erwähnt, Ortsteil der Gemeinde Geismar, direkt am Hang des *Hülfensbergs* gelegen; grüne Wiesen, ein idyllischer Ort. Es geht ostwärts weiter; an einer Gabelung trennen sich unsere Wege.

„Na, da hast Du ja noch ganz schön was vor Dir, alles Gute", sagt er und verschwindet auf der nördlicheren Route. Zwischenzeitlich hat er mir noch verraten, dass er gerne alleine unterwegs ist: „Du weißt ja wie das ist. Man latscht, hat Durst, sucht nach Wasser oder einer Schlafgelegenheit. Das ist nicht immer Zuckerschlecken. Zu Zweit gibt das auf jeden Fall Streit. Du kennst doch das französische Wort *travail* für *Arbeit* sowie im Englischen *travel* für *Reisen*. Die Worte sind artverwandt, will heißen *Reisen gleich Arbeit!*" Recht hat er.

Ich hingegen wandere nun auf dem *Werrataler Klosterweg* weiter geradeaus, dem Kamm dieses bewaldeten Ausläufers vom *Hülfensberg* folgend. Ich marschiere auf Panzer-

platten; es ist die Ländergrenze Thüringen – Hessen, ehemals innerdeutsche Grenze BRD – DDR, deren Spuren noch immer gut zu sehen sind. Links im Busch raschelt und knackt es ganz gewaltig. Außer mir ist aber weit und breit niemand, ich kann nichts erkennen. Vermutlich ist ein größeres Tier im Dickicht von meinen Tritten aufgeschreckt worden. Dann geht es so steil aufwärts, dass ich das Gefühl habe, es könnten 100 % Steigung sein. Langsam, Schritt für Schritt steige ich hinauf, blauer Himmel, Sonnenschein. Oben herrscht eine äußerst sommerliche Stimmung. Blühende lange Grashalme, die Sonne verschwindet ab und zu hinter Schäfchenwolken; Grillen zirpen.

Ich biege auf einem unscheinbaren Wiesenweg rechts in den Wald und stehe kurzerhand vor dem hölzernen *Plesseturm*. Ich befinde mich westlich der Grenze, also im Werra-Meißner-Kreis. Vom Aussichtsturm blicke ich auf die Dächer der hessischen

Kleinstadt Wanfried hinab; zur gleichen Seite ein prächtiger Ausblick ins Land, zur Anderen die Baumkronen des Waldes. Es ist recht zugig hier oben, was meiner von der Sonne verschwitzten Statur nicht gut tut, so dass ich schnell wieder hinunter steige. Weiterhin dem *Werrataler Klosterweg* folgend, marschiere ich durch Laubwald südostwärts, vorbei an einem Steinbruch, dem *Konstein*. Kurz darauf stehe ich vor einer Absperrung: *Trinkwasserschutzgebiet*. Ich muss auf der viel befahrenen B 249 weiter marschieren, Lastkraftwagen und Autos rauschen vorüber. Schnell erreiche ich abermals die Ländergrenze und betrete den thüringischen Unstrut-Hainich-Kreis. Ein junger Mann steht mit seinem Wagen zur Zigarettenpause am Straßenrand. Er fragt, ob er mich mitnehmen solle, denn er wisse ja, wie doof es sei, auf der Straße zu laufen; aber manchmal könne man das eben nicht verhindern. Ich lehne dankend ab, mein Ziel ist hier ein anderes, der Weg!

Es geht auch schon wieder weg von der Straße. Ich wandere einen Feld- dann Plattenweg hinauf, aber der gewollte Abzweig nach links kommt nicht. Ich steige über einen Zaun und wandere nach Kompass ostwärts über lange grüne Wiesen. Am Ende erreiche ich einen Weg, die Ränder gesäumt von einer Bäumchen- reihe. Nun geht es nach Süden und ich erreiche eine Kreuzung, von welcher mehrere, kaum befahrene, asphaltierte oder betonierte Landstraßen abführen, allesamt als Wanderwege beschildert. Eins habe ich gelernt. Hier in Thüringen weiß man nie so recht, ob es sich beim in der Karte verzeichneten Wanderweg um eben einen solchen oder aber um eine kleine Landstraße handelt. Meistens ist es beides zugleich, und mit abgesperrten Forstwegen nimmt man es nicht so genau: „Och, das ist doch nur wegen der Versicherung." Man hat das Gefühl, es wurde alles asphaltiert, was nicht niet- und nagelfest ist.

Auf der Grünfläche inmitten der Kreuzung stehen ein großes

Kreuz, ein paar junge Bäumchen und eine Bank. Ich raste, gönne meinen Füßen eine Lüftung. Ansonsten gibt es Brot und Wurst. Später wandere ich hinunter nach Wendehausen, das mit seinen 860 Einwohnern der südlichste Ort des Eichsfelds ist – schönes Eichsfeld ade!

Das Eichsfeld ist, wie wohl aus den bisherigen Beschilderungen deutlich wird, bei weitem nicht auf den thüringischen Landkreis Eichsfeld beschränkt, in welchem zwar das Obereichsfeld, nicht aber das komplette Untereichsfeld wieder zu finden ist. Der thüringische Landkreis Eichsfeld umfasst gleichermaßen Orte, die ehemals nicht zum historischen Eichsfeld zählten. Weite Teile des Untereichsfeld, also besonders des nördlichen Eichsfelds, liegen in Niedersachsen – hier besonders hervorzuheben der Seeburger See –, teils auch in Hessen. Das Eichsfeld, eine historische Landschaft zwischen dem Harz im Norden und der *Werra* im Südwesten; westlich flankiert von Göttingen, kann man im Osten auf der Karte eine Diagonale ziehen, die östlich von Worbis und Dingelstädt aber westlich von Mühlhausen verläuft. Im Eichsfeld liegen die Quellgebiete der *Unstrut* (westlich von Dingelstädt; Verlauf: *Unstrut - Saale*), der *Wipper* (in Worbis; nicht zu verwechseln mit der *Wipper* im Harz; Verlauf: *Wipper - Unstrut*) und der *Leine* (in Leinefelde; Verlauf: *Leine - Aller*). Die in Etappe 2 erwanderte *Rhumequelle* liegt am nördlichen Rand des Eichsfelds. Das *Leinetal*, welches von Ost nach West auch durch Heiligenstadt verläuft, trennt das Hochplateau des Eichsfelds in das nördlich gelegene Unter- und das südliche Obereichsfeld. Die größten Städte und Ortschaften sind Heiligenstadt, Leinefelde, Worbis und Dingelstädt in Thüringen, sowie Duderstadt und Gieboldehausen in Niedersachsen. Einheit erhält das Eichsfeld durch die durchgehend katholische Prägung. Das Wagenrad im Wappen geht auf das *Mainzer Rad* zurück; denn wie eine Insel im ansonsten lutherischen Raum gehörte das Eichsfeld dem Fürstbistum Mainz an.

ck vom *Hülfensberg*

Auf der Ländergrenze Thüringen - Hessen

Der *Plesseturm* mit Blick auf das hessische Wanfried

terwegs nach Wendehausen

Die *Burg Normannstein* oberhalb Treffurts

Bauliche Eindrücke aus Treffurt an der *Werra*

Am Marktplatz

Viele kleine Kopfsteinpflastergassen;

Ein Blick zurück von der *Werra*: Über den Dächern der Stadt die *Burg Normannstein*

Kulinarisch bekannt ist das Eichsfeld besonders für seine Wurstspezialitäten, nämlich die *Eichsfelder Stracke* und den *Feldgieker*. Die neu errichtete Autobahn 38 verläuft von Göttingen nach Leipzig quer durch das Eichsfeld. Wendehausen, im Unstrut-Hainich-Kreis bildet nun den südlichen Abschluss der Region.

In einem kleinen Dorfladen kaufe ich zur Abwechslung einen Liter Apfelschorle und setze meinen Marsch auf dem *Unstrut-Werra-Radwanderweg* fort. Nach längerer Zeit über Feinschotter, steige ich, der Wegmarkierung *blaues Dreieck* folgend, links stark an. Es geht über einen Berg hinweg und auf der anderen Seite wieder hinunter zur *Burg Normannstein*. Es folgt eine kurze Begehung der mittelalterlichen Burganlage aus dem 12.-14. Jahrhundert, die gerade in Renovierungsarbeiten steckt. Von den Burgmauern aus gibt es eine vorzügliche Sicht auf das an der *Werra* gelegene Treffurt. Die ehemalige Stadtmauer schloss früher am Steilhang an die Ringmauer dieser Befestigungsanlage mit Bergfried, zwei Wohntürmen, Knappenhaus, Torhaus und Kapellengebäude an, bis die Burg schließlich ab dem 16. Jahrhundert zerfiel.

Ich steige unter dem Dach der Baumkronen in Serpentinen am Steilhang hinunter nach Treffurt und bin sogleich überrascht von der Vielzahl schöner Fachwerkbauten, Kirchen und den überwiegend schmalen Kopfsteinpflastergassen. Ich bin im Wartburgkreis angekommen, der Unstrut-Hainich-Kreis liegt hinter mir; ebenso das Eichsfeld, denn nun befinde mich im *Werratal*. Es ist 17:30 Uhr, ich stehe auf dem Marktplatz von Treffurt, als mir eine Frau von den Stühlen eines Selbstbedienungscafés zuruft: „Sie sind echt zu Fuß unterwegs, ja?"

„Sieht wohl so aus", entgegne ich.

„Kommen Sie doch mal eben ´rüber, das muss ich jetzt erstmal genauer wissen!"

Es ist ein Ehepaar aus Hamburg, dessen Neugier ich geweckt habe. Sie machen Urlaub in der Gegend, weil der Mann als Kind schon mal hier gewesen ist. Geradezu begeistert sind die Zwei darüber, dass es auch noch junge Leute gibt, die wandern und laden mich sogleich auf einen Cappuccino ein.

„Wie viele Kilometer schaffen Sie denn so am Tag?"

„25 bis 30."

„Woher kommen Sie?"

„Aus dem Harz."

„Ach, und das machen Sie alles alleine?"

„Ja, ich habe niemanden gefunden, der mit wollte."

„Ja, genau das sage ich ja. Die sind heute alle viel zu faul für so was. Ich find' das richtig toll, dass Sie das machen. Wieviel wiegt denn Ihr Rucksack?"

„So etwa 18 Kilo."

Wir unterhalten uns noch eine ganze Weile über Hamburg, den Harz usw., dann sage ich: „So, jetzt muss ich mich langsam mal nach meiner Pension umschauen."

„Naja, und wenn wir Sie jetzt da nach Treffurt/ Falken zu Ihrer Pension fahren, damit sind Sie bestimmt nicht einverstanden, ist ja klar."

„Stimmt genau, das zählt nicht, es muss alles erwandert werden."

Eine nette Begegnung. Noch eine knappe Stunde dauert mein Marsch auf dem asphaltierten Radweg entlang der *Werra*. Gegen 19 Uhr erreiche ich meine Pension in Falken. Ich habe ein Doppelzimmer für mich und bin der einzige Gast. Nach der Dusche strecke ich mich lang aus und lasse mich, nach einigen Zeilen Tagebuch, vom *Tatort* mit Kain und Erlicher aus Leipzig berieseln. Zum Wurstbrot genehmige ich mir die Nullfünfer Feierabendlänge *Radeberger* aus dem Pensionskühlschrank; ein Prosit auf den erfolgreichen Tag. Das Zimmer nochmal zu verlassen, dazu habe ich heute keine Lust mehr. Gegen Mitternacht schlafe ich erschöpft ein.

In Falken an der *Werra*

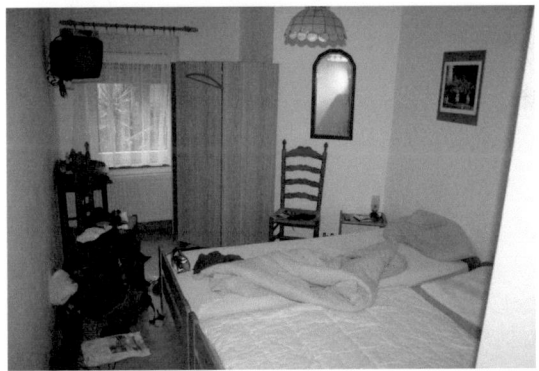

28 €-Zimmer in Treffurt/Falken

69

Etappe 6: Treffurt/Falken – Eisenach/Hörschel

Harz → Thüringer Wald; *Sonnabend, 06. September 2008*

WAK → EA

Wartburgkreis → Ortsteil der kreisfreien Stadt Eisenach

Thüringen / Durch das *Werratal* zum westlichen Thüringer Wald

Die Strecke: Treffurt/Falken (180 m ü.NN) → *Werratalradweg*, Probsteizella, Frankenroda → Scherbda (360 m ü.NN) → Scherbda/*Waldstadion* (400 m ü.NN), *Am Lindchen* → *NSG Ebenauer Köpfe* → Creuzburg (200 m ü.NN), *Creuzburg → Alte Werrabrücke* → *Werratalradweg*, Pferdsdorf-Spichra, unter der A 4 hindurch → Hörschel (200 m ü.NN).

Distanz: 25 km

Unterwegs: 9:40 – 16:10 Uhr, 6 h 30 min, 3.8 km/h

Das Wetter: Bedeckt, schwül, vereinzelt Nieselregen, teilweise stürmischer Wind.

Um 8:30 Uhr frühstücke ich gemeinsam mit der Hauswirtin und ihrem Mann. Wir unterhalten uns über den Harz; sie wollen ihn einmal überqueren. Ich gebe ein paar Tipps. Das Frühstück ist reichhaltig, ich schaffe es nicht ganz. Ich esse drei Brötchen, eine Scheibe Brot, ein Ei und trinke Kaffee. Um 9:40 Uhr mache ich mich auf den Weg. Ich will noch etwas zu Trinken kaufen; es soll im Ort einen kleinen Supermarkt geben. Zunächst folge ich wieder dem Radwanderweg und treffe dabei einige Dorf-bewohner. Man nickt sich zu. Ich frage eine Frau nach dem Laden.

„Ja, da müssen Sie dort nur ein paar Meter zurück, aber da vorn ist auch ein Bäcker, das ist mein Schwager, der freut sich über Kunden."

Ich finde den Laden und kaufe eine Flasche Frühstückssaft,

das reicht fürs Erste. Es geht auf dem asphaltierten Radweg entlang der *Werra* weiter, der vereinzelt auch von Autos befahren wird. Zwei Radfahrer kommen mir entgegen und fragen, woher ich käme.

„Aus dem Harz."

Sie staunen und drücken mir ein *Gerade Du brauchst Jesus – 7 Tatsachen die jeder wissen sollte* - Faltblatt in die Hand. Sehe ich denn so Mitleid erregend aus? Ich sehe zu, dass ich weiter komme!

Rechts der Fluss, die Wegesränder bewaldet, taucht links eine steile Felswand auf; dann passiere ich Probsteizella samt Campingplatz und Reitveranstaltung. Der Weg führt vorbei an langgezogenen, grünen Kuhweiden. Auf der anderen Uferseite der *Werra* erkenne ich an den Bäumen die ersten Farben des Herbstes. Ich erreiche den 350 Seelenort Frankenroda. Am Ortseingang bellt mich ein Hund an und springt dabei wie wild hinter dem Zaun des Grundstücks herum. Schräg gegenüber ist ein Mann dabei, ein Haus zu bauen. Der Dachstuhl ist aus hellem Holz gezimmert und offen. Auf einer Brücke überquere ich die dunklen

Unterwegs im *Werratal* vor Frankenroda

In Frankenroda über die *Werra*

71

Wassermassen der *Werra*, leicht gekräuselt strömen sie ruhig dahin. Drei kleine antike Traktoren kommen mir entgegen geknattert und blasen ihren schwarzen Ruß steil in die Lüfte. Ich wandere entlang einer Reihe von Apfelbäumen. Einige der Äpfel sehen bereits schön rot aus. Sie sind klein, aber die Äste tragen so viele, dass die Zweige bis tief über den Weg hängen. Im Vorbeigehen pflücke ich einen, putze ihn ab, bis er glänzt. Er schmeckt, noch ein bisschen sauer – aber sauer macht lustig. Wieder überholt mich ein alter Traktor, der an einem Seil einen Jungen auf dem Fahrrad zieht. Ich wandere hoch hinaus, in den durch dichtes Blattwerk feucht düsteren Wald. Am Waldrand lese ich auf dem Befahrensverbotsschild zum ersten Mal den Begriff *Thüringer Wald*. Nun ist er schon in greifbare Nähe gerückt, und das nach sechs Tagesmärschen. Es ist schwül und warm, ich schwitze auf dem Anstieg. Oben auf dem Feld jedoch, als ich aus dem Wald heraustrete, braust es ganz gewaltig um meine Ohren, kein Moment für eine Rast. Fluchtartig begebe ich mich hinunter nach Scherbda. Der Herbst kündigt sich an, ich kämpfe mich durch den Wind und wandere schließlich die etwas geschützteren Dorfstraßen entlang. In der windgeschützten Bushaltestelle finde ich den Platz für die Pause.

Auf asphaltierten Wegen ziehe ich südlich hinauf zum *Waldstadion*, ein eher heruntergekommener Fußballplatz im Waldeck. Vorn steht eine überdachte Bude mit Bänken und Grill, groß betitelt *Waldstadion Scherbda*. In die zwei Rahmen der großen Fußballtore wurde jeweils ein rostiges kleineres Tor samt Netz gestellt. Weit und breit ist niemand zu sehen, hinten im Waldeck steht ein Wanderwegweiser. Er deutet in die Botanik; anscheinend war hier mal ein Weg. Ich sehe nur Gestrüpp und begebe mich ins grüne Dickicht; schlage mich durch, wandere auf vergessenen Waldwegen südwärts, bis ich schließlich auf einen breiten Schotterweg stoße, der mich rechts zur Wegkreuzung *Am Lindchen* führt. Von dort aus geht es weiter südwärts.

Waldstadion Scherbda...   ... Ausgangspunkt eines *Luxuswanderwegs*

Vom Kalkmagerrasenhügel des *Naturschutzgebiets Ebenauer Köpfe* kann ich in die Ferne sehen. Am Horizont erstreckt sich der Thüringer Wald. Die Bergesketten sind in ein Wolkenband gehüllt. Da liegt es, mein erstes großes Ziel. Am westlichen Ende sehe ich die gigantische, stelzenartige Autobahnbrücke der A 4 über die *Werra* hinweg führen. In einer kleinen windstillen Schutzhütte finde ich für einen Moment Unterschlupf, verschnaufe und blicke auf die unterhalb gelegenen Dächer der Stadt Creuzburg. Dann begebe ich mich hinunter in die städtischen Straßen und decke mich im Supermarkt mit Lebensmitteln ein – morgen ist Sonntag: Ein Brot, Bananen, einen Trinkjoghurt, eine

Äpfel am Wegesrand

„§3 Abs.1 der 1. DVOThürWaldG":
Thüringer Wald, das klingelt in den Ohren!

Scherbda

NSG Ebenauer Köpfe, auf nach Creuzburg,
der Thüringer Wald am Horizont

...und der Blick auf die Brücke der A 4

Creuzburg an der *Werra*

k von der Burg auf die Stadt

Die Creuzburg

Efeu bewachsene Burgmauern

Alte Werrabrücke

Creuzburg sticht auch aus der Ferne ins Auge.

Trasse der A 4 über das *Werratal*

Flasche Mineralwasser für den Weg, eine *Thüringer Knackwurst* und es kann weiter gehen. Ich steige hinauf zur Burg und raste unter der mächtigen mehrhundertjährigen Linde. Schließlich drehe ich eine Runde durch den Innenhof der den Blick auf die Stadt freigibt. Ein Rundgang führt mich um die teils von Efeu überwucherten Burgmauern herum. Innen findet gerade eine Hochzeit statt. Die Anlage ist im Kern mit einem Barockgarten ausgebaut. Die mittelalterliche Burganlage oberhalb der 2500 Einwohnerstadt Creuzburg an der *Werra* ist als Schwesterburg der *Wartburg* bekannt und war einer der Residenzorte der *Ludowinger*. Sie wurde von 1165 bis 1170 errichtet und erlebte als Residenz der *Landgrafen von Thüringen* im 12. und 13. Jahrhundert ihre Blütezeit. Mit einem Umfang von 340 Metern und einer Innenfläche von 7400 Quadratmetern gehört sie zu den größeren Burgen der Romanik, und ist heute im Besitz der Stadt.

Mit der wunderschönen *Alten Werrabrücke* überquere ich auf steinern geschwungenen Bögen den Fluss und folge dem asphaltierten Radwanderweg entlang der *Werra*, eine dem Fußgänger schier endlos erscheinende *Zielgerade*. Unterwegs passieren mich ein paar ältere Frauen auf dem Rad und eine große Gruppe Fußgänger kommt mir entgegen. Dann kehren die Damen um, und werfen mir mitleidige Blicke zu. „Der Arme!", höre ich. Anscheinend mache ich unter der Last meines Rucksacks keinen allzu fitten Eindruck mehr. Schließlich gelange ich nach Pferdsdorf-Spichra, wo gerade ein Fußballspiel stattfindet. Am

Ortsausgang raste ich nochmals, strecke auf einer Bank die Beine von mir und gebe den Füßen ein wenig frische Luft. Mit der neuen Taktik fahre ich ganz gut, aber die letzten fünf Kilometer wollen einfach nicht enden.

Ich mache mich an den Rest des Weges und bestaune die mächtige Konstruktion der Autobahntrasse. Jetzt ragen die gigantischen Betonstelzen direkt über mir in die Höhe. Brücken haben mich schon immer beeindruckt. Zuerst hatte ich sie aus der Ferne gesehen, nun stehe ich darunter. Entfernungen schwinden. Ich stehe am Ortseingang von Hörschel und erreiche zügig meine Pension *Tor zum Rennsteig*.

Ich beziehe das kleine moderne Einzelzimmer, dusche, wasche meine Klamotten, die auf den wärmenden Heizkörpern zügig trocknen, esse mein Wanderersmahl, schreibe Tagebuch und sehe das Fußball-länderspiel Liechtenstein – Deutschland = 0:6.

28 €-Pensionszimmer in Hörschel

Es ist geschafft, vorerst, ich bin am Thüringer Wald angekommen und bin inzwischen siegesgewiss. Gestern abend in Treffurt hatte sich bereits eine tiefe Zufriedenheit in mir breit gemacht, ich begann die Wochentage zu vergessen: Körperliche Anstrengung bringt geistige Entspannung mit sich. Um 23:30 Uhr gehen die Lichter aus.

Wanderersmahl

Teil 2: Über den Thüringer Wald

190 km

... von Hörschel zur Wartburg;
sowie auf dem Rennsteig
über den Thüringer Wald,
das Thüringer Schiefergebirge
und den Frankenwald bis nach
Blankenstein (Saale).

Etappe 7: Hörschel – *Wartburg* – *Glöckner*

Über den Thüringer Wald / Wartburg + 1. Rennsteigetappe;

Sonntag, 07. September 2008

EA → WAK

Kreisfreie Stadt Eisenach → Wartburgkreis

Thüringen / Westlicher Thüringer Wald

Die Strecke: **Rennsteig:** Hörschel (196 m ü.NN) → *Großer Eichelberg* (310 m ü.NN) → *Hohe Rod* (360 m ü.NN) → *Lerchenkuppe* (394 m ü.NN) → Clausberg (400 m ü.NN); **Wartburg:** Clausberg → *Thüringenweg* → Eisenach (220 m ü.NN) → *Wartburg* (411 m ü.NN) → *Mariental* → *Sängerwiese* → *Wilde Sau* (387 m ü.NN); **Rennsteig:** *Wilde Sau* → *Krumme Kahre* → *Totenheide* → *Hohe Sonne* (434 m ü.NN) → *Zollstock* → *Ascherbrück* → *Ruhlaer Häuschen* → *Auerhahn* → *Große Meilerstätte* (670 m ü.NN).

Distanz: 30 km

Unterwegs: 9:15 – 19:00 Uhr, 9 h 45 min, 3.1 km/h

Das Wetter: Wechselhaft Sonne und Wolken, durchweg trocken, kalter Wind.

Die Frühstücksabfertigung findet von 7 bis 10 Uhr statt. Alle vorherigen Frühstücke waren persönlicher gewesen, aber hier am *Tor zum Rennsteig* gleicht alles eher einer Massenabfertigung. Gegen 8:30 Uhr betrete ich den Raum mit dem Buffet, alle Tische sind voll von benutztem Geschirr. Auf Nachfrage bekomme ich einen sauberen Satz an einen Tisch gestellt, an dem bereits ein Mann und eine Frau frühstücken. Aber immerhin, das Essen ist vielfältig. Wir unterhalten uns ein wenig über den *Rennsteig* und die *Wartburg*. Ich finde wenig Ruhe, sehe das Mahl eher als eine Art Pflichtveranstaltung zur Energietankung an und spüle den zerkauten Brei zügig mit Kaffee herunter.

Schnell nochmal zurück auf's Zimmer. Um 9:15 Uhr zahle ich die Herberge und mache mich vom Acker. In Hörschel ist allerlei los für einen so kleinen Ort; der *Rennsteig* macht's. Geleitet von den grünen Wegweisern und der großen weißen *Mareile*, also dem *R* an den Bäumen, geht es sogleich bergan. Wander- und Spazier-

Die ersten Meter auf dem *Rennsteig*

gängervolk überall, das bin ich gar nicht mehr gewohnt. Zwischen grünen Weidewiesen hindurch gelange ich oben in den Wald; ein Eichhörnchen huscht den Baum hinauf. Nach Westen eröffnet sich eine Fernsicht. Ich sehe hohe Berge am Horizont, vermutlich die Rhön, darunter Städte und Gemeinden.

Dann passiere ich eine Gruppe von vier älteren Damen, die ich schon vor dem Frühstückssaal gesehen hatte. Sie wollen ebenfalls nach Blankenstein wandern und gehen heute ihre erste Etappe an. Staunende Blicke auf mein Gepäck: „Wieviel wiegt das denn?"

„Etwa 18 Kilo", entgegne ich.

„Davon habe ich nur ein Drittel", sagt die Frau.

„Aber ich bin ja auch schon länger unterwegs aus dem Harz, da braucht man schon ein paar Sachen."

„Haben Sie ein Zelt dabei?", fragt sie mich.

„Nein, nur Schlafsack und Isomatte, falls ich mal keine Pension finde."

„Das ist gut! Und was machen Sie dann in Blankenstein?

Bergan auf dem *Rennsteig*: Erste Blicke in die Ferne nach Südwesten

Die *Wartburg* thront oberhalb von Eisenach auf dem Berg.

Grüne Wiesen und Weiden; hinauf bis nach Clausberg

Wandern Sie wieder zurück?"

„Nein, dann reicht's. Ich fahre mit dem Zug zurück, meine Füße schmerzen schon genug", sage ich.

„Na dann muss man halt mal zwei Nächte Pause machen."

„Ich hab das inzwischen schon ganz gut im Griff."

„Na, er hat Ehrgeiz! Dann noch *Gut Runst* – sagt man hier so."

„Genau, *Glück Auf*! Das sagt man im Harz."

Ich wandere bis hinauf auf 400 m Höhe in den kleinen Ort Clausberg und verlasse hier den *Rennsteig* nach Norden. Ich folge dem *blauen Punkt* des *Thüringenwegs* über einen Hügel hinweg und dann am Bergrücken teils steil hinunter durch den Mischwald. Nach einer ganzen Weile stehe ich schließlich unten an einer Straße und setze meinen Weg durch einen kurzen steinernen Tunnel fort. Ich bin am Ortseingang von Eisenach angekommen. Eine gewaltige, schwarze Felswand ziert den Hang: *Staffelbruch im Oberrotliegend, (Eisenach-Formation) des Georgentals, entstanden durch die Hebung des Thüringer Waldes vor über 80 Millionen Jahren,* lese ich auf einem Schild zu

Kurz vorm Ortseingang Eisenachs:
Hinter dem Tunnel eine massive Felswand

83

Seltene Spezies vor den Toren
Eisenachs

diesem geologischen Naturdenkmal.

Die kreisfreie Stadt Eisenach wird mit 43.000 Einwohnern vielfach als Zentrum Westthüringens und der angrenzenden nordosthessischen Gebiete angesehen. Nordwestlich am Thüringer Wald und an der Hörsel gelegen, erlangte die Stadt besonders durch die oberhalb gelegene *Wartburg* an Bekanntheit. Ein Sohn der Stadt ist der 1685 geborene Komponist Johann Sebastian Bach. Von 1956 bis 1991 wurde hier, im Automobilwerk Eisenach (AWE) der *Wartburg* gebaut, der neben dem *Trabant* das Auto der DDR war. Aber auch noch heute lebt die Stadt vom Fahrzeugbau, besonders von der Fertigungsstätte der Firma OPEL.

Genau hier am Ortseingang führt mein Weg ab, durch den schattigen Laubwald hinauf zur *Wartburg*; ein äußerst steiler Anstieg über Wurzeln und Gestein. Heute schmerzt meine rechte Ferse, ein stechender Druckschmerz. Die Füße scheinen sich nunmehr von Tag zu Tag abzuwechseln, denn gestern war es noch der Linke gewesen – und dennoch alles kein Vergleich zu den Anfängen, ich habe den Laden inzwischen ganz gut im Griff. Oben angekommen, folgt ein nochmals steilerer Anstieg in Kehren hinauf. Gegen 12 Uhr stehe ich schließlich total verschwitzt im Wind vor dem Tor der Burganlage und erhasche kurz ein paar schöne Ausblicke. Abermals sehe ich die mächtige Brücke der A 4, die über das *Werratal* hinweg führt. Unterhalb liegt Hörschel, von dort komme ich heute gewandert. Eisenach erstreckt sich rundum, mächtige Villen ragen aus dem bergigen Grün hervor, Windräder am Horizont und über der hügeligen Landschaft ein blauer Himmel, vereinzelt durchsetzt von dünnen

dem Burgtor der *Wartburg*: Blick über Eisenach nach Norden; die *Wartburg*

dem Burgtor der *Wartburg*: Blick nach Norden; Blick nach Westen: Hörschel

k auf Eisenach   Unterhalb der *Wartburg*

weißen Wölkchen. Die Sonne brilliert über mir, aber der Wind ist harsch. Schnell flüchte ich durch den Windkanal der Burgtore in die schützenden Wände der Burgschänke. Es sind alle Tische, aber bei weitem nicht alle Stühle belegt. Ich frage, ob ich mich dazu setzen darf; ich darf. Das Gepäck steht neben dem Tisch und man sieht mir wohl die Mühen an:

„Na, Sie sind wohl von Eisenach hinauf gestiegen, nicht wie die Anderen hier hoch gefahren", sagt die Frau von gegenüber.

Neben ihr sitzt ein Mann, vermutlich der Sohn. Er ist in meinem Alter. Die Zwei sind aus Eisenach und geben mir ein paar Tipps für die *Wartburg*-Führung. Wir unterhalten uns über das Wandern, den *Rennsteig* und das Übernachten im Wald. Ich genehmige mir ein überteuertes kühles *Radeberger* und esse eine Portion Milchreis mit Apfelmus. Schließlich verabschiede ich mich und nehme, nachdem ich mein Gepäck in ein Schließfach gezwängt habe, an einer Führung durch den Palas teil.

Die *Wartburg* liegt am nordwestlichen Rand des Thüringer Waldes auf 411 m Höhe oberhalb der Stadt Eisenach. Sie wurde gegen 1067 von *Ludwig dem Springer* gegründet und war bis 1211 lediglich eine starke Festung. Erst *Ludwig von Thüringen* ließ die *Wartburg* zu einem repräsentativen Wohnsitz der Landgrafenfamilie umbauen. Im Laufe der Jahrhunderte änderte sich noch viel im Erscheinungsbild der Anlage, die im Rahmen der Deutschen Geschichte eine ganz bedeutende Rolle spielt. Besonders im 19. Jahrhundert wurde die Burg neu ausgebaut und selbst im frühen 20. Jahrhundert nochmals prunkvoller ausgestattet. Mit der *Wartburg* werden besonders die *Heilige Elisabeth* und Martin Luther verbunden. Auch Johann Wolfgang von Goethe besuchte die Anlage mehrfach; das erste *Wartburgfest* fand 1817 und das zweite 1848 statt. Somit gehört die *Wartburg* heute zum Weltkulturerbe.

Ich sehe so einiges Mittelalterliches, aber auch viel Prunkvolles aus dem 19. und frühen 20. Jahrhundert. Besonders imponiert mir der vollständig mit einem Mosaik aus abertausenden von kleinen Kacheln verkleidete Saal im unteren Gebäudeteil, der von Kaiser Wilhelm Anfang 1900 in Auftrag gegeben wurde.

Im oberen Teil sehe und lerne ich viel über die *Heilige Elisabeth*, welche von 1211 bis 1227 auf der *Wartburg* gelebt hatte. Gemälde und Wandmalereien umschreiben ihren Werdegang. Ich höre Geschichten und Sagen. Die Landgräfin *Elisabeth von Thüringen* wurde 1207 in Ungarn geboren und bereits als Neugeborene mit Ludwig, dem ältesten Sohn des Landgrafen *Hermann von Thüringen*, verlobt. Im Alter von vier Jahren wurde sie an den Thüringer Hof gebracht. Besonders durch Ihre karitative Tätigkeit im Sorgen für die Armen und Leidenden und dem Glauben an die Nächstenliebe ist Elisabeth bekannt geworden, was ihr aber von Seiten ihres Gemahls und der Familie Feinde machte. Nach dem Tod ihres Ehemanns im Jahr 1227, der während eines Kreuzzuges an einer Seuche starb, wurde sie quasi enterbt. Der jüngere Bruder Ludwigs übernahm die Herrschaft und entzog Elisabeth als erste Handlung sämtliche Ländereien und Einkünfte, welche ihr von ihrem Mann zuvor als Witwengut zugesichert worden waren. Lediglich Ludwig hatte sie vor der Missgunst der Verwandten und des Adels bewahrt, die sie aufgrund ihres einfachen Lebensstils errungen hatte. Sie verließ mit ihren drei Kindern und den Dienerinnen die *Wartburg*, kehrte dem feudalen Hofleben den Rücken, und lebte fortan unter ärmlichen Bedingungen in Eisenach. Später arbeitete sie als einfache Spitalschwester und starb bereits 1231 im Alter von 24 Jahren in Marburg an der Lahn. Als selbstlose und hingebungsvolle *Mutter der Kranken und Armen* wurde sie schließlich zu Pfingsten 1235 von Papst Gregor IX heilig gesprochen.

Ich sehe den prunkvollen Festsaal, in dem auch das *Wartburg-fest* der Burschenschaften statt gefunden hatte. Dennoch habe ich so meine Schwierigkeiten, inmitten der prächtigen Farben den Ursprung unseres Schwarz-Rot-Golds zu erkennen. Ganz einfach geflutet werden die Augen von den unzähligen Violetttönen. Nach einem abschließenden Gang durch das Museum und einem Blick in die rustikal hölzerne *Lutherstube* mache ich mich wieder auf den Weg. Hier hatte sich Martin Luther in den Jahren 1521/22 versteckt gehalten und das Neue Testament aus dem Griechischen ins Deutsche übersetzt.

Ich wandere unterhalb der Burganlage herum und folge zunächst dem Schild in Richtung *Sängerwiese,* verlaufe mich dann aber alsbald im undurchschaubaren Wegesgeflecht. Ich stehe am *Haeberlinsgrab,* wo ein Wegweiser zur *Sängerwiese* genau auf das grüne Dickicht des Waldes zeigt. Einen Weg kann ich nicht ausmachen. Ich begebe mich hinunter zur Straße und folge dieser aufwärts durch das *Marienntal* um kurz darauf wieder gut beschildert rechts hinauf zur *Sängerwiese* zu gelangen. An dieser und dem Gasthaus vorbei gelange ich schließlich hinauf und zurück zum *Rennsteig,* der hier mitunter auch *Pummpälzweg*

genannt wird, denn am Wegesrand stehen mehrere aus Holz geschnitzte Figuren. Die *Wilde Sau* im Rücken, mache ich hier und da eine Verschnaufpause und erreiche um 17 Uhr die *Hohe Sonne.* Ich kaufe eine Thüringer Rostbratwurst und fülle meine zwei Liter Wasservorrat aus der Leitung auf. An einem Tisch sitzt ein Pärchen mit genauso großen Rucksäcken wie ich. Isomatten sind zu sehen. Worauf die Zwei wohl heute noch aus sind? Konkurrenz ums Nachtlager? Schnell mache ich mich aus dem Staub und grüße die zwei Artgenossen im Vorübergehen. Ich flüchte zudem vor einer größeren Gruppe Frauen, die nach ihrer Wanderung, kaum zu überhören und kreischend wie eine Horde Hühner, Sturm auf die Sitzplätze macht. Über die Straße hinweg und auf breit geschotterten Wegen ziehe ich weiter, vorbei an einem einsam sitzenden Wanderer, den ich nicht so recht einschätzen kann. Mitte vierzig, Tarnfleckhose, prall gefüllter kleiner Rucksack – er sitzt da und hält anscheinend etwas abseits des Trubels an der *Hohen Sonne* sein Picknick. Für einen Fernwanderer erscheint mir sein Gepäck zu spartanisch aber für einen Tagesmarsch wiederum hat er zu viel dabei. Es ist Mario, ich werde ihn noch kennen lernen, das weiß ich jetzt nur noch nicht.

Auf einer Bank, inmitten einer durch Windwurf entstandenen Freifläche, raste ich. Genau wie im Harz, hat auch hier Anfang 2007 der Sturm *Kyrill* gewütet. Es ist mir zu zugig, sodass ich, verschwitzt wie ich bin, schnell bis zur Schutzhütte *Zollstock* weiterziehe und erst vor dieser zu Abend esse. Ich krame das Brot hervor; dazu gibt es Wurst. Die zwei „Konkurrenzwanderer" von der *Hohen Sonne* ziehen vorüber und ich überlege, ob ich hier in der Hütte mein Nachtlager aufschlagen soll. Aber es ist erst 18 Uhr und ich habe keine Lust so lange herumzusitzen, bis es dunkelt zwischen 20 Uhr und 20:30 Uhr. Am *Rennsteig* jedoch findet man alle zwei bis drei Kilometer eine ordentliche Schutzhütte. Ich habe freie Wahl, darum brauche ich mir also keine Sorgen machen und kann getrost noch ein paar Kilometer leisten am heutigen Abend.

Gleich zu Beginn, kurz hinter Hörschel, hatte ich begeistert eine Schutzhütte erkannt, die im Inneren nichts außer einer großen Holzfläche für ein Matratzenlager besaß. Das fing ja gut an! Wenn das immer so sein würde, dann sollte es keine Probleme geben. Später noch werde ich in Unterhaltungen mit anderen Wanderern feststellen, dass diese Hütte Jedem aufgefallen ist, aber es dergleichen bis zum Ende des *Rennsteigs* keine Zweite gibt – schade! Vielfach sieht man auch, dass mehrere Bänke zu einer breiteren Liege zusammen geschoben worden sind. In den Hütten zu übernachten, scheint also Gang und Gebe zu sein.

Im weiteren Wegesverlauf sehe ich, wie die zwei Wanderer von vorhin am *Ruhlaer Häuschen* pausieren, vermutlich auch über Nacht bleiben. Ruhig an einer Waldwiese gelegen, haben sie die beste Hütte erwischt und ich muss weiter ziehen. Pech gehabt! So langsam habe ich jetzt aber auch keine Lust mehr zu marschieren. Aber immerhin, jeden Kilometer, den ich heute mache, muss ich morgen nicht mehr wandern. Vorbei an der Wiese des *Triniusblicks* geht es mit leichter Steigung weiter aufwärts. Mein Getränkevorrat schwindet schon wieder und als ich schließlich an der *Großen Meilerstätte* eine kleine offene Schutzhütte erblicke, ist der Entschluss gefasst. Es ist kein tolles Nachtlager, aber immerhin

ein Dach über dem Kopf. Hier bleibe ich, keinen Schritt tue ich mehr. Kurz vor dem 703 m hohen *Glöckner* nächtige ich, komme was wolle. Ich packe mein Geraffel auf die fest installierte, schmale Bank im Inneren und ziehe eine zweite, breitere in die Hütte hinein. Die Lehne nach vorn, breite ich mein Mattenlager darauf aus und liege eingemümmelt um 20 Uhr in meinem Schlafsack. Die Mütze auf dem Kopf, versuche ich zu schlafen, schon bevor es richtig dunkel ist. Um 20:30 Uhr ist es dann soweit. Ich lasse den Wald um mich herum Wald sein und schlafe nunmehr um einiges besser, als in der ersten einsamen Nacht auf dem *Pferdeberg*; alles Erfahrungssache.

Rustikale Null-Euro-Unterkunft an der *Großen Meilerstätte*

90

Etappe 8: Glöckner – Nesselhof

Über den Thüringer Wald / 2. Rennsteigetappe;

Montag, 08. September 2008

WAK → SM

Wartburgkreis → Landkreis Schmalkalden-Meiningen

Thüringen / Thüringer Wald

*Die Strecke: Große Meilerstätte (670 m ü.NN) → Glöckner (703 m ü.NN) → Schillerbuche (647 m ü.NN) → Hirschbalzwiese (692 m ü.NN) → Dreiherrenstein (740 m ü.NN) → Großer Weißenberg (747 m ü.NN) → Zigeunerkopf (739 m ü.NN) → Brotteroder Hütte (725 m ü.NN) → Oberer Beerberg (841 m ü.NN) → Venetianerstein (830 m ü.NN) → **Großer Inselsberg (916 m ü.NN)** → Grenzwiese (723 m ü.NN) → Trockenberg (807 m ü.NN) → 770 m ü.NN → Großer Jagdberg (806 m ü.NN) → Kleiner Jagdberg (722 m ü.NN) → Heuberghaus (688 m ü.NN) → Spießberg (749 m ü.NN) → Possenröder Kreuz (700 m ü.NN) → Dreiherrenstein am Hangweg (727 m ü.NN) → Ebertswiese (715 m ü.NN) → Abstieg vom Rennsteig nach* Nesselhof *(613 m ü.NN).*

Distanz: 24 km

Unterwegs: 7:00 – 14:20 Uhr, 7 h 20 min, 3.3 km/h

Das Wetter: Erst kalt und vollständig bedeckt, Nebel, Wind; dann Aufklarung, überwiegend Sonne.

Um 6 Uhr ist die Nacht vorbei, es wird hell. Sachen packen, etwas essen und um 7 Uhr Aufbruch. Ich marschiere auf breit geschotterten Wegen und sehe, wie sich die Sonne hinter den Fichten über den Horizont erhebt. Nur kurz schielt sie hervor und verschwindet rasch hinter einer grauen Wolkendecke. Es ist kalt, windig und nebelig. Heute habe ich die Wind- und Regenjacke übergezogen, was ich schon lange nicht mehr tat. Ich wandere durch eine einsame Fichtenlandschaft, aber der Förster kommt mir in seinem Geländewagen entgegen. Man winkt sich zu, sonst ist weit und breit niemand zu sehen. Geschlossene Gaststätten und mein Wasservorrat ist aufgebraucht. Ich ziehe weiter gen *Großer Inselsberg* und stehe nach einem mühsamen Anstieg oben in den Wolken. Es ist kalt, nass und windig. Von einer Aussicht kaum zu sprechen, sehe ich die mächtige, rot-weiße Antenne im Dunst. Sie erinnert mich an den *Brocken*. Eine ausladende Stimmung hier des Morgens, aber immerhin, auf dem bedeutendsten Berg des Thüringer Waldes haben die Gaststätten geöffnet. Ich entschwinde dem Wetter in die warme Stube des *Berggasthofes Stöhr* und bin wohl der erste Besucher. Die Nullfünferlänge Weizen alkoholfrei löscht meinen Brand, dann gibt es einen Teller Kesselgulasch. „Extra voll!", sagt die freundliche Bedienung. Nach dem anschließenden Milchkaffee fühle ich mich wieder warm und trocken. In der Küche darf ich mir meine Trinkflaschen mit Leitungswasser befüllen. Draußen hat sich der Nebel verzogen; die Wolkendecke ist aufgerissen, dazwischen blauer Himmel. „Das dauert hier oben immer etwas länger, aber das wird schon", höre ich.

Ich blicke in die Ferne: Wälder und Berge, fast bläulich wie lange dichte Wolkenbänder liegen sie hintereinander aufgereiht dar; in der Ferne Dörfer und Städte im flachen Land. Ein Richtungsweiser deutet auf den *Brocken*, aber ich kann ihn nicht erkennen. Ein Auto mit dem Kennzeichen MS fährt auf das abgesperrte Gelände rund um die große rotweiße Antenne. Das ist wohl die Telekom. Ansonsten sind hier oben eine Jugendherberge und weitere Gaststätten zu finden. Ich mache mich auf den Weiterweg, steige steinige Stiege hinab, halte an den *Reitsteinen* inne, und blicke von den Felsen abermals in

gen 7 Uhr geht am *Rennsteig* die Sonne auf.

tz der Wolkendecke eröffnen sich erste Fernblicke über den Thüringer Wald hinaus.

ich die Kuppe des *Großen Inselsbergs* erreiche, liegt sie noch im morgendlichen Dunst.

Ausblick vom *Großen Inselsberg*, nachdem sich der Nebel verzogen hat.

Vom *Großen Inselsberg* über steinige Stiege hinab

An den felsigen *Reitsteinen*

94

die Ferne. Ich überhole eine Gruppe Jugendlicher, die aus der Herberge spaziert kommt und frage nach ihrem Vorhaben.

„Wir sind einfach nur fünf Freunde, die gemeinsam wandern gehen."

Überrascht wünsche ich alles Gute und viel Vergnügen. Einen Augenblick lang höre ich sie noch, wie sie lauthals hinter mir singen, dann verlieren sich die Geräusche in den Weiten des Thüringer Waldes. Auf verschiedensten Wegen geht es weiter, manch eine kurze Rast. Mein heutiger Weg ist nicht allzu weit bis Nesselhof. Einen kurzen starken Anstieg muss ich auf Treppenstufen überwinden. Später treffe ich zwei Hamburger, die ich zuvor schon am *Possenröder Kreuz* überholt hatte und die nun an mir vorbei ziehen, während ich in der Sonne raste. Länger unterhalten wir uns über das Wandern, den Harz und ich werde gefragt: „Warum machen Sie das eigentlich, haben Sie eine Wette verloren? Wieviel wiegt denn Ihr Gepäck und wie viele Paar Socken tragen Sie in Ihren Stiefeln?"

Später mache ich vom *Rennsteig* einen Abstecher hinunter zum *Spittelfall* und verliere bedeutend an Höhe. So hatte ich mir das nicht gedacht, aber hier zeigt sich, dass der *Rennsteig* eben doch ein Kammweg ist. Das Wasser plätschert an den Felsen herunter und ich bin etwas enttäuscht.

Über die *Ebertswiese* hinweg, gelange ich schließlich einen Kilometer südlich vom *Rennsteig*, vorbei an Weiden und Wiesen um 14:20 Uhr zur Pension in Nesselhof, Gemeinde Floh-Seligenthal im Landkreis Schmalkalden-Meiningen. Das Zimmer ist un-

geheizt und kühl, da es auf der schattigen Hangseite des am Waldrand gelegenen Hauses liegt. Das Waschen der Klamotten muss ich vertagen. Sie würden nicht trocknen. Ich dusche und verkrieche mich unter der Bettdecke, schreibe Tagebuch. Dann verschaffe ich mir einen Überblick über die nächsten Etappen. Die Hauswirtin sagt, es gäbe keine Einkaufsgelegenheit; so auch vorerst am *Rennsteig* nicht mehr. Aber sie bringt mir freundlicherweise einen Laib Brot, ein Stück Käse und einen Joghurt von ihrem eigenen Einkauf mit. Gegen 18:30 Uhr esse ich als einziger Gast in der familiären Gaststube eine Pilzpfanne mit Mischgemüse und Schupfnudeln. Die Pilze hat der Mann selbst

vorhin im Wald gesammelt, das macht er zweimal die Woche: „Wenn Ihnen schlecht wird, war ein falscher dabei. Ich habe Sie vorhin gesehen, als Sie mit Ihrem Rucksack hinab gewandert sind."

Ich hingegen habe niemanden gesehen. Ich trinke ganz unregional *Veltins* vom Fass. An der Wand hängen Mitgliedsurkunden des *Rennsteigvereins*.

„Ja, da muss man schon drin sein, sonst geht hier nichts."

Auf der Hausbar stehen allerhand Pokale der Stammgäste. Nach dem 20:15 Uhr Krimi gehen bei mir die Lichter aus.

28 €-Unterkunft in Nesselhof

Etappe 9: Nesselhof – Schmücke

Über den Thüringer Wald / 3. Rennsteigetappe;

Dienstag, 09. September 2008

SM → GTH → IK

Landkreis Schmalkalden-Meiningen → Landkreis Gotha → Ilm-Kreis

Thüringen / Thüringer Wald

Die Strecke: Nesselhof (613 m ü.NN) → Aufstieg auf dem *Martin-Luther-Weg* zur *Alten Ausspanne* (742 m ü.NN) am *Rennsteig* → *Neue Ausspanne* (714 m ü.NN) → *Weidensuhlwiese* (737 m ü.NN) → *Sperrhügel* (840 m ü.NN) → *Schmalkalder Loibe* (886 m ü.NN) → *Oberlautenberg* (855 m ü.NN) → *Wachsenrasen* (815 m ü.NN) → *Gustav-Freytag-Stein* (876 m ü.NN) → *Grenzadler* (837 m ü.NN) → *904 m ü.NN* → *Rondell* bei Oberhof (826 m ü.NN) → *Brandleite* (879 m ü.NN) → *Sommerwiese* (855 m ü.NN) → *Suhler Ausspanne* (922 m ü.NN) → ***Gr. Beerberg* (983 m ü.NN)** / *Plänckners Aussicht* (973 m ü.NN) → *Adler* (916 m ü.NN) → *Rosenkopf* (938 m ü.NN) → Wetterstation (939 m ü.NN) → Schmücke (911 m ü.NN).

Distanz: 27 km

Unterwegs: 9:20 – 17:00 Uhr, 7 h 40 min, 3.5 km/h

Das Wetter: Sonne, strahlend blauer Himmel, kühl.

Nach einem ordentlichen Frühstück (vier kleine Brötchen, ein Ei, Kaffee) geht es los. Gestern meinte der Hauswirt noch, dass ich gut schwitzen würde bei den angesagten 30 Grad, aber es solle nun mal wirklich gutes Wetter geben, denn für den Folgetag sei schon wieder Gewitter angesagt. Abwarten!

„Wo soll es denn heute hingehen?"

„Mal sehen was sich ergibt!"

„Na, dann gehen Sie sicher nach Schmücke, denn was anderes gibt es ja nicht auf diesem Wegesstück."

Ich wundere mich über den, für diesen kleinen Ort, doch sehr regen LKW-Verkehr vorn auf der Straße. Wo kommen die nur alle her, in diesem Nest, in dem es nicht mal einen Dorfladen gibt?

„Vorn in der Kurve hat ein LKW eine Ladung Flaschen verloren, ein riiiiieeesen Berg Scherben", sagt der Hauswirt.

Um 9:20 Uhr mache ich mich auf den Weg, über die Straße hinweg und dann zwischen lang gezogenen Hecken hindurch, die jeweils Gärten rechts und links des Weges begrenzen. Dazwischen hat eine Spinne ein großes Netz gespannt. Zwei der Fäden hängen quer über den Weg und glänzen im Morgenlicht. Sie versperren meinen Weg. Anscheinend bin ich der Erste, der hier heute seine Füße voreinander setzt. Ich muss das Netz durchtrennen, um weiter zu kommen. Ich wandere über grüne Wiesen, der Morgentau rinnt über meine Stiefel. Auf dem *Martin-Luther-Weg* mit dem *gelben Balken* steige ich weiter aufwärts, über Bergwiesen und durch Wald, bis hinauf zur *Alten Ausspanne* am *Rennsteig,* das macht anstrengende 130 Höhenmeter verteilt auf ein bis zwei Kilometer. Verschwitzt halte ich oben inne; die morgendliche Frische tut gut.

Eine fünfköpfige Wandergruppe mit Stock und Hut ist im Anmarsch. Lauthals unterhalten sie sich, sodass der ganze Wald zuhören kann. Schnell weiter! Sie gehen zügig, ich höre das Geklacker der Stöcke hinter mir, spute mich, um meine Ruhe zu haben. Ein dicker schwarzer Käfer krabbelt über den Weg, etwa fünf Zentimeter lang, so wie ich gestern schon einen gesehen habe. Auf breiten Forstwegen geht es voran, alle Nase lang sind Skiloipen und Pisten ausgeschildert. Heute fühlen sich meine Füße gut an, kein Schmerz, weder rechts noch links.

Ich überquere eine Straße und der *Rennsteig* verläuft weiter als

Kamm- bzw. Grenzweg zwischen dem Landkreis Gotha (GTH) mit dem Ort Tambach-Dietharz im Norden und dem Kreis Schmalkalden-Meiningen (SM) im Süden. Die Wege werden schmaler und gleichen mehr und mehr einem Wanderweg. Steinige Stiege, vorbei an der schönen, großen, weiten *Weidensuhlwiese* mit der thüringischen Bergwachtstation, steige ich dann auf den *Sperrhügel* hinauf. Eine kurze Rast zum Füße lüften in der Sonne, ich will ja nicht wieder eingeholt werden. Dann überholen sie mich doch, und ich ziehe in Folge wieder an ihnen vorbei, als sie eine „Familie Fliegenpilz" bewundern. Es geht ausschließlich durch Nadelwald, steinige Wege, die Ränder grasbewachsen. Teils sind große Flächen überzogen von einer Vielzahl kleiner Spinnennetze. Ich habe gehört, das sei die Art der Spinnen, Feuchtigkeit aufzunehmen. Sie fressen die von feinsten Wassertröpfchen übersäten Netze einfach wieder auf. Klingt logisch, ob es stimmt?

Ich marschiere aus dem Wald heraus in grelles Sonnenlicht. Eine Riesengruppe Wanderer (sind es wirklich welche?) kommt mir entgegen, rechts eine prächtige Aussicht. Ich grüße für mein Gefühl viel zu oft, meist höre ich ein: „Grüß Gott!" Ich lasse mich zur Brotzeit nieder, dort wo es sonnig, aber wieder ruhig ist. Die Fünfertruppe von zuvor zieht wieder vorbei und grüßt nun freundlich: „Mussten Sie auch so oft grüßen? Sagt man *Hallo*, entgegnet es *Grüß Gott* und umgekehrt."

Dann passieren mich die zwei Wanderer, die mir auf der ersten *Rennsteigetappe* an der *Hohen Sonne* begegnet waren und um das Nacht-lager in den Hütten kon-

Brotzeit

99

kurriert hatten. Sie sind am Sonntag in Hörschel gestartet und wollen Sonnabend in Blankenstein ankommen. Inzwischen haben sie bereits zwei Nächte in Schutzhütten verbracht und möchten nun in Schmücke ihre erste Pension beziehen. Ich erwähne, dass ich schon Freitag ankommen möchte und höre:

„Na dann sieht man sich ja sicherlich nochmal und nicht so viel rumsitzen: Los weiter!"

Sie ziehen davon, und ich kurz darauf um 13 Uhr auch. Die beiden sitzen hinter der nächsten Kurve auf einer Bank und genießen ebenfalls ihre Pause mit Fernsicht. Christiane und Sven kommen aus Sondershausen (KYF), sind etwa meines Alters und waren Silvester einmal hier gewesen. Da haben sie sich eben gedacht, man könne ja mal den *Rennsteig* gehen. Sonst wandern sie eher nicht, machen das Ganze also zum ersten Mal. Dann überhole ich abermals die Fünfergruppe von zuvor, die angeblich schon auf mein Vorbeiziehen gewartet hat. Nach einer Stunde steht gegen 14:20 Uhr die nächste Rast an. Am *Grenzadler* bei Oberhof, einem riesigen Asphaltparkplatz, trinke ich an einer der hölzernen Gaststätten eine erfrischende Nullvierer Bierlänge *Jahns-Bräu* vom Fass; *Lokal mit Felsquellwasser im Frankenwald gebraut.* Endlich mal etwas regionales.

Pffffft, aaaaahhhh!

Ich passiere also Oberhof, die Stadt im thüringischen Landkreis Schmalkalden-Meiningen, die wohl Jedermann aus dem Fernsehen gut bekannt sein sollte. Gelegen am Kamm des Thüringer Waldes auf etwa 815 m ü.NN, nördlich des *Rennsteigs,*

…er grüne Wiesen hinauf zur *Alten Ausspanne*; Spinnennetze mit Morgentau

…eidensuhlwiese, viele grüne Bergwiesen am *Rennsteig*

…e Berglandschaft bis zum Horizont

Nach der Brotzeit eine Fernsicht,   ... breit geschottert geht es weiter,

...über weite Lichtungen mit dörrem Gras   ...und Wiesenwege.

Großer Beerberg 982 m ü.NN: Fernblick im Gegenlicht von der *Plänckners Aussicht*

ist der 1600 Einwohner starke Ort als Wintersportzentrum bekannt. Biathlon, Rennrodeln bzw. Bobsport, Skilanglauf und die Nordische Kombination werden hier betrieben. Das Städtchen lebt vom Tourismus, denn alleine im Jahr 2005 kamen 130.000 Gäste nach Oberhof. Nach Erfurt und Weimar ist es somit der dritt häufigst besuchte Ort Thüringens und gleichzeitig der meistbesuchte Ferienort des Thüringer Waldes.

Zuvor war ich vielfach über Wiesenwege geschritten, hatte die Grillen zirpen gehört. Jetzt ziehe ich weiter durch Fichtenwald und das bleibt auch so, vorerst. Nach einer ganzen Weile führt mich eine moderne Brücke in einem Bogen über die B 247 hinweg. Wieder stehe ich auf einem großen, asphaltierten Parkplatz, dem *Rondell* bei Oberhof, der jedoch im Vergleich zum *Grenzadler* um einiges kleiner ist. Etwas vom Weg ab liegt der *Rennsteiggarten*, den jeder Spaziergänger und Autofahrer besichtigen kann. Dies erspare ich mir und ziehe hinfort. Unter dem *Rennsteig* führt nun – natürlich unbemerkt – der von 1998 bis 2003 erbaute, längste Autobahntunnel Deutschlands hindurch. Die A 71 verläuft auf einer Länge von 7916 m mit zwei Röhren Untertage und trifft, von Norden kommend, erstmals im südlich gelegenen Zella-Mehlis wieder ans Tageslicht. Zella-Mehlis, ebenfalls Stadt im Landkreis Schmalkalden-Meiningen liegt mit ihren 12.000 Einwohnern auf 450-700 m ü.NN, etwa sechs Kilometer südlich des *Rennsteigs*. Sieben Meter unterhalb des Autobahn-*Tunnel Rennsteig* führt der 1881-1884 erbaute *Brandleitetunnel* hindurch. Dieser Eisenbahntunnel ist lediglich 3038 m lang und ist Teil der Eisenbahnlinie Erfurt – Suhl – Meiningen.

Es geht weiter bergan zur *Suhler Ausspanne*, wo ich nochmals raste, meine Füße lüfte und eine Brotzeit halte. Den Schildern zufolge befinde ich mich hier im schneesichersten Skigebiet Thüringens auf 922 m ü.NN. Vorher war mir noch eine riesige Gruppe Spaziergänger begegnet, und so langsam erachte ich es als nervig, auf einen Schlag hintereinander weg fünfzig Leute zu grüßen.

Ich ziehe hinaus auf den höchsten Berg des Thüringer Waldes. Der 982 m hohe *Große Beerberg* ist ein erloschener Vulkan, der sich nördlich von Suhl im Ilm-Kreis befindet. Er besteht aus Porphyrgestein (*porphyr* = griechisch für purpurfarben), einem quarzreichen Vulkangestein aus Feldspäten. Vergleicht man diese

Gegebenheiten mit der höchsten Erhebung des Harzes, so sind die zwei Gebirge doch grundlegend verschieden, denn der *Brocken* mit seinen 1142 m ü.NN besteht aus Granit.

An der 973 m hohen *Plänckners Aussicht* genieße ich die Fernsicht nach Westen. Leider kann ich jedoch zu dieser Tageszeit im Gegenlicht keine tollen Aufnahmen machen. Ich stehe auf einer kleinen hölzernen Aussichtsplattform, auf der die, in der entsprechenden Himmelsrichtung zu sehenden, oder nicht zu sehenden Orte aufgeführt sind. Am Sockel des kleinen Turmes sitzen ein paar ältere Leute in der Nachmittagssonne. Nun sind es nur noch 2,6 km bis Schmücke. Auf diesem Streckenabschnitt führt der *Rennsteig* zwar auf schmalen Pfaden durch den Wald, jedoch verläuft ziemlich parallel und nahe eine Straße. Daher beschließe ich in Schmücke, ...*hier brüllt der Hirsch,* dem höchst gelegenen Ort des *Rennsteigs* auf 911 m ü.NN, nach einer Pension zu fragen und heute schon ein paar Kilometer verfrüht den Schlussstrich zu ziehen, um nicht in Straßennähe in einer Schutzhütte schlafen zu müssen. Ich bekomme im Hotel Schmücke ein Einzelzimmer für 32 €, die bisher teuerste Übernachtung dieser Fernwanderung. Ich beziehe mein Nachtlager im Nebenhaus und kann endlich wieder mein T-Shirt, das Hemd sowie das Schweißhandtuch durch waschen und trocknen. Die Aussicht vom Zimmerfenster ist auch grandios, was will man mehr? Nach einer Dusche begebe ich mich zwischen 18:30 Uhr und 19 Uhr in die Gaststube, wähle einen freien der großen, braunen, massiven Holztische und lasse mich auf eine Nullfünfer Bierlänge *Watzendorfer* nieder. Dazu gibt es die erste Portion Spaghetti Bolognese der Tour – nicht

32 € Zimmer in Schmücke

übel. Außer mir sind noch zwei Holländer zugegen und am Stammtisch sitzt Klaus, ein Hamburger Familienvater, der den *Rennsteig* geht, weil er einfach mal raus muss. Er erzählt, wie er mit dem Rad zum Nordkap gefahren und früher mehrere Marathons gelaufen ist: „Der Mensch ist sehr leidensfähig, das wissen die meisten gar nicht."

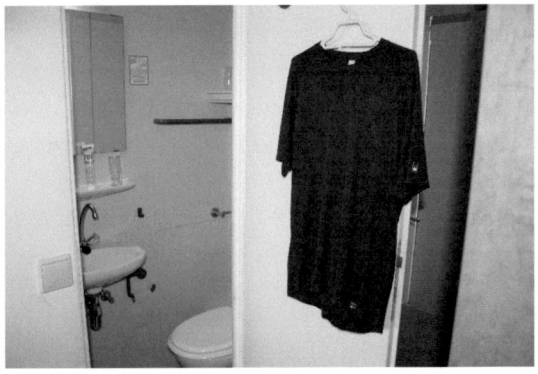

Endlich wieder Klamotten waschen!

Nach dem Essen geselle ich mich zu ihm an den Stammtisch: „Ich setz' mich mal dazu, dann müssen wir unser Pils nicht allein trinken und uns auch nicht quer durch den Raum unterhalten."

„Ja komm rüber hier!"

Warum ist es eigentlich so, dass der Mensch austestet, wie leidensfähig er ist? Diese Frage beantwortet niemand so recht, aber irgendwie ist es klar, dass es etwas damit zu tun hat, sich selbst kennenzulernen. Man muss ja erstmal herausfinden, was man so schaffen kann an einem Tag bzw. in zwei Wochen. Es ist ein großer Unterschied, ob man an einem Tag 30, 40, 50 oder gar 60 Kilometer wandert – kann man alles machen – oder aber den nächsten Tag schon wieder unterwegs ist. Will man Fernstrecken wandern, so sind wir uns einig, liegt das Optimum pro Tag bei 25 bis 30 Kilometern.

„Heute bin ich 40-45 km gelaufen", sagt Klaus, „und mein Sohn hat mir meinen guten Rucksack abspenstig gemacht, mir dieses Scheißding gegeben und das Zelt da einfach irgendwie rangebändselt. Das baumelt da hinten rum ohne Ende, kein Brustgurt. Meine Schultern tun schon so weh, ich glaub ich schick das Ding morgen mit der Post nach Hause und schlafe dann in Hotels."

So langsam trudeln die anderen bekannten Gesichter ein. Die Zwei aus Sondershausen und Mario, den ich einsam sitzend, kurz hinter der *Hohen Sonne* getroffen hatte: „Geht das Zimmer auch ohne Bettzeug? Ich habe eh meinen Schlafsack dabei."

Der Wirt schüttelt den Kopf: „Wir sind hier ein Hotel, keine Hütte."

Nach ihrer Dusche gesellen sich die Drei zu uns. Nun sind wir fünf in der Runde. Klaus aus Hamburg, Mario aus Greiz (Thüringen), Christiane und Sven aus Sondershausen (Thüringen) sowie Florian aus Clausthal-Zellerfeld (Niedersachsen).

Christiane und Sven, die, wie es sich herausgestellt hat, kein Pärchen sind, sondern beide Mitglied im *Trabant Club Sondershausen*, wollen ihrem Club alle Ehre bereiten. Dieser hat nämlich das *Rennsteiglied* als Hymne, aber leider sei bisher niemand auf die Idee gekommen, den *Rennsteig* auch einmal abzuwandern. Die beiden erledigen das nun und der ganze Spaß ist auf den Internetseiten des Clubs zu verfolgen. Die entsprechenden Daten und einen kurzen Lagebericht geben sie täglich telefonisch durch, damit alles auch aktuell ist. Sven ist Student an der Uni in Ilmenau. Christiane, etwas blass im Gesicht, rote Wangen und sichtlich geschafft von den ersten *Rennsteig*-Tagen, ist Grafikdesignerin. Wir reden ihr gut zu: „Ab dem vierten Tag geht's aufwärts!"

Das Rennsteiglied *von 1951*
(Text: Karl Müller, Musik: Herbert Roth)

Ich wandre ja so gerne am Rennsteig durch das Land, den Beutel auf dem Rücken, die Klampfe in der Hand. Ich bin ein lust'ger Wandersmann, so völlig unbeschwert. Mein Lied erklingt durch Busch und Tann, das jeder gerne hört.

Refrain: Diesen Weg auf den Höh'n bin ich oft gegangen, Vöglein sangen Lieder. Bin ich weit in der Welt habe ich Verlangen, Thüringer Wald nur nach dir.

Durch Buchen Fichten Tannen, so schreit ich durch den Tag, begegne vielen Freunden, sie sind von meinem Schlag. Ich jodle kräftig in das Tal, das Echo bringt's zurück, den Rennsteig gibt's ja nur einmal, und nur ein Wanderglück.

- Refrain -

An silberklaren Bächen sich manches Mühlrad dreht, da rast' ich wenn die Sonne so glutrot untergeht. Ich bleib so lang es mir gefällt, und ruf es allen zu. Am schönsten Plätzchen dieser Welt, da find ich meine Ruh.

- Refrain -

Mario aus Greiz ist Schichtarbeiter in einer chemischen Fabrik, die Kunstseide herstellt. Er hat sich vorgenommen, den Wanderweg *Eisenach – Budapest* etappenweise zu gehen. Im Thüringer Wald ist dieser zeitweise deckungsgleich mit dem *Rennsteig.* Zunächst einmal will er nun zwei Wochen wandern, sehen, wie weit er kommt, um dann in den nächsten Jahren das Vorhaben fortzusetzen. In puncto Wandern ist er Neuling, hat eine Hängematte dabei, mit der er im Wald übernachtet. Gegen den Regen gibt es noch eine Plane dazu. Wildschweinkontakt hätte er des Nachts auch schon gehabt. Gleiches berichtet Klaus, der morgens dadurch geweckt wurde, dass ein junges Wildschwein den Kopf in seine Schutzhütte gesteckt habe.

Klaus hat Maschinenbau studiert und arbeitet in Hamburg bei den Stadtverkehrsbetrieben. Er gibt vor, dass er noch arbeiten müsse und ist der Erste, der sich aus der geselligen Runde verabschiedet. Wir Anderen bleiben noch eine Weile, um bei dem einen oder anderen Pils Gemeinsamkeiten, Eindrücke, Erlebnisse und Erfahrungen auszutauschen. Allesamt haben wir die erste Schutzhütte kurz hinter Hörschel mit der großen Liegefläche bewundert, aber niemand hat seither ein ähnliches Exemplar wieder gesehen. Dann sind wir beim Kräuter, dem *Rennsteigtropfen,* angelangt. Um 23 Uhr gehen schließlich auf meinem Zimmer die Lichter aus.

Von acht bis zehn Uhr soll es Frühstück geben.

„Da bin ich schon weg", sagte Mario.

„Ich bin auch eher Frühaufsteher", hatte Klaus verlauten lassen.

Ich räume das Daunenbettzeug aufgrund meiner Allergie mal wieder beiseite, schlafe in meinem Schlafsack und bin das nun auch langsam gewöhnt.

Etappe 10: Schmücke – *Eisfelder Ausspanne*

Über den Thüringer Wald / 4. Rennsteigetappe;

Mittwoch, 10. September 2008

IK → HBN

Ilm-Kreis → Landkreis Hildburghausen

Thüringen / Thüringer Wald und Thüringer Schiefergebirge

Die Strecke: Schmücke (911 m ü.NN) → *Mordfleck* (823 m ü.NN) → *Großer Finsterberg* (944 m ü.NN) → *Alte Tränke* (828 m ü.NN) → *Bahnhof Rennsteig* (746 m ü.NN) → *Roter Berg* (788 m ü.NN) → *Rennsteighöhe* → Allzunah (753 m ü.NN) → *Großer Hundskopf* (820 m ü.NN) → *Mitte Rennsteig* → *Morast* (838 m ü.NN) → *Bühlsroder Kopf* (793 m ü.NN) → *Großer Burgberg* (817 m ü.NN) → Neustadt am Rennsteig (805 m ü.NN) → Kahlert (760 m ü.NN) → *Teufelsbuche* (740 m ü.NN) → *Hoher Stock / Laßmannstein* (762 m ü.NN) → *Triniusbaude* (690 m ü.NN) → *Ersteberg* (825 m ü.NN) → Masserberg (800 m ü.NN) → *Rennsteigwarte* → *Eselsberg* (842 m ü.NN) → *Eisfelder Ausspanne* (752 m ü.NN).

Distanz: 35 km

Unterwegs: 9:00 – 18:45 Uhr, 9 h 45 min, 3.6 km/h

Das Wetter: Erst blauer Himmel, Sonne; abends bedeckt aber trocken.

In voller Montur, die Sachen schon gepackt, begebe ich mich um 8 Uhr in das Hauptgebäude des Gasthauses Schmücke zum Frühstück. Mario und Klaus scheinen schon unterwegs zu sein, Sven und Christiane sitzen am Tisch; ich geselle mich zu ihnen. Die Beiden erzählen, wie sie nachts die Hirsche haben brüllen hören. Gleiches wird mir Mario später noch berichten. Ich hingegen hatte bei geschlossenem Fenster nichts gehört – schade – aber immerhin habe ich gut geschlafen. Das Frühstück in

Schmücke ade

geselliger Runde ist reichlich. Auf dem Buffet gibt es diesmal sogar eine große Schale Waldfruchtjoghurt.

Um 9 Uhr mache ich mich auf den Weg. Ich begleiche meine ,Rechnung, lasse mir dabei noch zwei Flaschen Leitungswasser abfüllen und verabschiede mich von den Beiden aus Sondershausen: „Man sieht sich dann sicherlich später, bis dahin einen guten Weg!" Vor der Tür lese ich das große Plakat: *Schmücke, …hier brüllt der Hirsch.* Es scheint zu stimmen. Dann ziehe ich weiter durch den Fichtenwald. Der Weg verläuft nahe einer Straße. Daher wird durch ein blaues *R*, alternativ zum ursprünglichen Verlauf des *Rennsteigs,* ein anderer Wegesverlauf angeboten, den ich wähle. Über den *Großen Finsterberg* wandere ich, ein steiniger, sehr steiler Weg führt mich nach oben, wo eine hölzerne Aussichtsplattform steht. Ich blicke über den Thüringer Wald, eine Berglandschaft. Am Ende gibt es von einer runden hölzernen Hütte aus weitere Fernsichten. Die Hütte mit Panoramablick ist durch Tür und Fensterläden komplett verschließ- und abdunkelbar. Dennoch ist sie für jedermann zu betreten und im Inneren gibt es ein Hüttenbuch, das ich, wie ich später feststellen werde, leider nicht lese, denn Mario hat bereits

110

Grüße hinterlassen. Die Hütte fällt wohl unter die Kategorie *Luxus*, aber dazu später mehr.

Ein älterer Herr läuft umher, grüßt und fragt nach meinem Weg. Anschließend geht es wieder breit geschottert den Hügel hinab. In dem Moment erhalte ich einen Anruf meines Vaters, der sich gelegentlich nach meinem Fortschritt erkundigt. Somit bin ich abgelenkt und marschiere irrtümlich in die falsche Richtung weiter. Plötzlich bin ich wieder am Abzweig, an dem ich schon war; folge also nun doch dem regulären *Rennsteig*-Verlauf. So ziehe ich vorbei an der *Alten Tränke*,  Alternativroute einem schönen Rastplatz, in einer Senke gelegen, rundherum grünes Gras, Sitzgruppen und eine tolle Schutzhütte. Vorher hatte ich noch den *Mordfleck* passiert. Ob es sich wohl jemand traut, hier dem Namen zum Trotz, zu übernachten. Der Weg verläuft weiterhin nahe einer Straße, es geht strammen Schrittes durch den Fichtenwald. Morgens mache ich das immer so: Der Start in den Tag! Erstmal zwei Stunden stratzen, hart durchmarschieren, acht bis zehn Kilometer schaffen, und sich dann auf einer Bank in die Sonne setzen, die Füße aus den Stiefeln nehmen, essen, trinken und vielleicht ein wenig Tagebuch schreiben.

Kurz bevor ich an Bahnschienen gelange, ist es soweit, ich raste und entspanne. Ein Trupp Wanderer zieht grüßend vorüber. Anschließend geht es auf der Straße über die Gleise hinweg und ich stehe auf Kilometer 79 des *Rennsteigs* am historischen *Bahnhof Rennsteig*. Dieser liegt auf der Strecke Ilmenau – Schleusingen und somit auf 747 m ü. NN genau auf dem Kamm des Thüringer Waldes. Technisch bedingt ist es ein Kopfbahnhof, zu dem von Schleusingen kommend auf 4,4 Kilometern ein Höhenunterschied von 157 m überwunden werden muss. An steilen Stellen konnten früher nur Zahnradbahnen verkehren, wobei die Züge hier mit einer Maximalgeschwindigkeit von 15 km/h bergan fuhren. Der

Morgendlicher Blick von Schmücke

Eindrücke am Wegesrand

Bergwiesen und Wälder kurz vor Neustadt am Rennsteig

Am Ortsausgang von Neustadt

Kurz vor Masserberg

letzte Reiseverkehr fand 1998 statt. Heute unternimmt man nur noch touristische Nostalgiefahrten. Zudem soll der Bahnhof zukünftig als Informationszentrum des *Biosphärenreservats Vessertal-Thüringer Wald* genutzt werden.

Ich ziehe vorüber und erreiche nach einer ganzen Weile den Waldrand. Zwischen grünen Bergwiesen und der Straße wandere ich in die Ortschaft Allzunah. Einige wenige Häuser, ein Café und ein mobiler Bäcker sind zu sehen, das war's. Der Verkaufsladen des Bäckergefährts wird gerade zugekurbelt. Ich beeile mich und erwerbe noch ein wenig an Wegzehrung. Ich kaufe zwei Brötchen, einen *Halben* Orangenbuttermilch und lasse mir dann noch ein Stück Zwiebelkuchen aufschwatzen, ohne darüber nachzudenken, was so eine Zwiebelkuchen-Buttermilch-Kombi so alles anrichten kann – aber dazu später. Auf einer Bank am Ortsausgang, unweit eines Laubbaums samt mächtiger grüner Krone, halte ich mein kleines Stärkungspicknick. Fruchtbuttermilch ist hitverdächtig, das alltägliche Leitungswasser kann ich nämlich nicht mehr sehen. Schließlich geht es wieder auf und ab, wie jeden Tag. Auf der *Wartburg* hatte man mir gesagt: „Bis zum *Großen Inselsberg* geht es nur bergan und dann immer hoch und runter." Es stimmt! Die großen Höhenmeter sind gleich zu Beginn des *Rennsteigs* zu überwinden; und dennoch ist das Auf und Ab nicht zu unterschätzen.

Gestern hatten wir noch darüber gesprochen. Heute würden wir zwischen Kilometer 84 und 85 die Mitte des *Rennsteigs* passieren. Aber da es für mich nicht die Mitte der Wanderung ist, nur die des *Rennsteigs*, ist es weniger von Bedeutung. Die Hälfte der Fernwanderung liegt längst hinter mir, nämlich seit der ersten *Rennsteigetappe* also seit drei Tagen.

Ich erreiche eine Straße und passiere ein Gasthaus, das eher ausladend wirkt. Der Geruch von altem Frittierfett hängt in der Luft. Schnell verwerfe ich erste Gedanken einer Bierpause. Einige

Motorradfahrer sind zugegen. Ein paar Wanderer mustern mich neugierig, während sie in einem zugemüllten Waldstück rasten. Keine sonderlich einladende Ecke. Ich ziehe schnell weiter. Über den *Großen Burgberg* marschiere ich weiter durch Fichtenwald, überwiegend knirscht und knackt der Schotter breiter Forstwege unter meinen Sohlen. Schließlich stehe ich wieder inmitten weiter grüner Wiesen, auf denen friedlich grasende Kühe eine ruhige Gebirgsstimmung verbreiten. Ich befinde mich kurz vor Neustadt am Rennsteig. Nicht viel mehr als ein Nest; irgendwie hatte ich von der auf 735 m ü. NN gelegenen Stadt im südlichen Zipfel des Ilm-Kreises mehr erwartet. Aber es sind auch nur 1100 Einwohner, die hier zuhause sind. Ich ziehe die asphaltierte Straße

entlang bis zur Ortsmitte und entdecke einen *Nahkauf*. Immerhin! Ich decke ich mich wiederum – nichts böses ahnend – mit einem zweiten halben Liter Fruchtbuttermilch ein, aber diesmal Zitrone. Dazu noch eine Packung *Thüringer Stifte*, also ein paar geräucherte Würstchen, das dürfte für's Erste reichen. Vorbei an einer kleinen, aus grauem Stein gemauerten Kirche wandere ich die Straße hinauf, passiere eine Tankstelle und ziehe hinaus über eine überwiegend von violett blühenden Blümchen übersäte Wiese hinweg. An einer hohen Hecke entlang und später durch ein Waldstück. Ich

schreite über einen flachen Holzsteg hinweg und wieder geht es über eine ausgedehnte grüne Wiese, rechts die Straße. Auf der Wiese steht eine hölzerne Schutzhütte, ein Mann winkt mir zu. Ich nähere mich und erkenne Mario. Er hat sich schon ausgebreitet im Inneren; hier und da hängen die Socken zum Trocknen. „Ich bleib hier! Keinen Schritt gehe ich mehr. So eine Hütte finde ich bestimmt nicht nochmal. Meine Füße tun so weh, für heute ist Ende!" Er lacht.

In der Tat, die Schutzhütte ist hitverdächtig: Leicht erhöht, eine Veranda, innen komplett mit Holz verkleidet, so auch der Boden. Ein großer massiver Tisch, breite Bänke, ideal für eine Schutzhüttenübernachtung. Einzig und allein die nahe Straße stört. „Es gibt sogar einen Dachboden", sagt Mario. Die Decke ist abgehängt und oben unter dem Dach befindet sich in der Tat ein Hohlraum, in dem sich nichts befindet.

„Ein wenig dreckig ist es drinnen", sage ich.

„Egal!", entgegnet Mario, „Dann bauen wir uns eben aus Tannenzweigen einen Besen; Schnur habe ich genug dabei."

„Es ist erst 15 Uhr, der Tag ist noch lang und ich habe keine Lust, hier stundenlang herumzuhängen, bis es dunkel wird. Außerdem ist da vorn gleich die Straße. Vielleicht kommen ein paar Jugendliche mit einem Sechserträger vorbei."

„Ach, das ist mir wurscht. Erstens glaub ich das nicht, aber wenn schon, dann sollen sie mir eins abgeben", kontert Mario. Dann bietet er mir sein Trockenfleisch zum Probieren an: „Die Anderen haben auch schon probiert. Haben wir extra aus Vietnam mitgebracht." Marios Frau ist Vietnamesin, er ist 44 und hat das Zeug als Notration mitgenommen. „Man weiß ja nie! Verhungern werde ich auf jeden Fall nicht." Ich probiere und das Zeug ist echt ganz lecker, man muss nur etwas länger kauen. Asiatisch scharf gewürztes Rindfleisch, und das vollkommen trocken. „Hier ist genug Platz für uns Beide", sagt Mario.

„Stimmt schon, aber ich habe nicht mehr genug Wasser dabei, dass ich hier so lange bleiben kann. Außerdem reicht das nicht ganz für mein heutiges Tagespensum. Da fehlt noch ein Stück bis Masserberg. Ich bleib hier nicht!"

„Naja", entgegnet Mario, „die Zwei aus Sondershausen kommen sicher auch hier vorbei, die bleiben bestimmt." Schließlich ringt er sich doch dazu durch, gemeinsam mit mir weiter zu ziehen: „Ich lass mich von dir mitschleppen, vielleicht hilft so ein Zugzwang ja." Erst hatte er noch gelacht: „Ich komm nur mit, wenn Du mir garantierst, dass ich auch nochmal so eine gute Hütte finde."

„Das kann ich natürlich nicht, aber ich frage Dich auch nicht danach, mitzukommen, ich mache hier meine eigene Tour, von Anfang an, wenn Du mit möchtest bitte und gerne, aber das ist dann schon Deine eigene Entscheidung!" Eine klare Ansage.

Er packt seinen Kram zusammen und kommt mit. „Bei den Anderen war ich mir nie sicher, ob die das überhaupt schaffen", sagt er, „aber der Hamburger hat solche Sachen erzählt und so hart getan. Das war doch alles nur Blöff. Und die anderen Beiden, naja, hast Du ja selbst gesehen, die sahen auch nicht mehr so fit aus. Aber bei Dir, da war ich mir von Anfang an sicher. Als ich Dich das erste Mal gesehen habe hinter der *Hohen Sonne*, wusste ich schon, das ist ein Profi, den sehe ich bestimmt nicht wieder. Aber als ich Dich dann in Schmücke gesehen habe, da dachte ich mir, da muss ich dran bleiben. Deine Motivation zieht mich mit durch. Ich wäre sonst in Schmücke auch nicht in die Pension gegangen. Hab ich nur gemacht, weil Ihr da alle wart, ich dachte das wäre lustiger. Ansonsten hätte ich für sechs Euro fünfzig bei der Bergwacht geschlafen, oder eben im Wald."

„Ach!", sage ich „Das schaffen wir schon. Das ist alles nur eine

Kopfsache. Wenn es weh tut, musst Du trotzdem weiterlaufen; versuchen die Schmerzen durch Creme und Trockenhalten der Füße gering zu halten. Ansonsten einfach stratzen, immer weiter, an was anderes denken und wenn es richtig hart wird singen oder pfeifen." Ich muss lachen.

Wir ziehen gemeinsam weiter bis zur *Triniusbaude* und ich merke, wie meine Kraft mangels Nahrung nachlässt. Schnell stopfe ich mir zwei *Thüringer Stifte* in den Mund. Das stopft vorerst das Loch im Bauch, reicht aber nicht. Wir treffen einen jungen Mann mit leuchtend rotem Fleecepullover. Auf dem Rücken steht in blauen Buchstaben *Bergwacht*. Er zeigt uns begeistert zwei riesige Pilze, die er in einem Plastikbeutel trägt und zuvor im Wald gesammelt hat. So schnell wie er aufgetaucht ist, ist er über die Bergwiesen auch wieder hinab und davon gelaufen. Wir kehren in der *Triniusbaude* ein. Ein Schwung Wanderer kommt aus der kleinen Bude heraus. Wir bestellen drinnen und sitzen draußen auf einer überdachten Bank. Beide lassen wir uns von je einer Nullfünfer Bierlänge *Falken Bräu* vom Fass erfrischen. Mario isst Sülze mit Bratkartoffeln, ich eine Linsensuppe mit Bockwurst, wieder ohne über die Folgen nachzudenken.

Nach der stärkenden Rast geht es weiter. Wir bewundern die *Waldsteckdose* am Baum: *Ein Service für Wanderer,* heißt es. Da kann man seine Akkus laden. So was hatte ich bisher noch nicht gesehen. Auf was für Ideen die Leute kommen.

Auf schmalen, urigen aber sehr steinigen Stiegen steigen wir aufwärts. Über den *Ersteberg* (825 m) hinweg erreichen wir das Örtchen Masserberg im Landkreis Hildburg-

Was es nicht alles gibt!

117

hausen und begeben uns auf die Suche nach Wasser in den Ortskern. In einer kleinen Drogerie kaufe ich neue Multivitamin- und Magnesium-Brausetabletten und lasse mir von der Verkäuferin meine Wasserflaschen mit Leitungswasser befüllen. Im kleinen Supermarkt kaufen wir uns je ein *FAP* (Feierabendpils) und verstauen die Flasche *Waidbauer Pils* im Rucksack, denn die passt gerade noch hinein. Dann geht es weiter auf die Suche nach dem Nachtlager.

Wieder müssen wir ansteigen. Vom 2680 Einwohner zählenden, auf 800 m gelegenen Bergdorf Masserberg geht es hinauf auf den *Eselsberg*. Vorbei an der bereits geschlossenen *Rennsteigwarte* samt Aussichtsturm wandern wir auf wurzel- überwachsenen Wegen voran. Mario ist skeptisch, dass wir noch eine vernünftige Hütte finden würden; aber ich bin siegesgewiss. Ich sage mir: „Die Wegpunkte oder Orte, die in der Karte mit dem Symbol einer Schutzhütte und Namen versehen sind, sollten auch mit einer vernünftigen Hütte ausgestattet sein." So glaube ich an die *Eisfelder Ausspanne*, der Name soll Programm sein. Es dauert noch eine Weile, Mario zeigt bereits Ermüdungserschei- nungen und hängt zurück. Ich laufe also immer weiter voran, erreiche die Hütte und bin begeistert. Hier, wo sich insgesamt sechs Wege kreuzen und sich der kürzeste Übergang zwischen *Werra-* und *Schwarzatal* befindet, steht sie. Massiv gebaut, sauber, ein großer Tisch und ein Mülleimer. Wir schieben die flachen Bänke für Marios Nachtlager zusammen und stellen von draußen noch eine große Sitzbank für mein Lager dazu. Perfekt! Die Hütte hat nebenan sogar noch einen Schuppen mit überdachtem Fahrradständer, was es nicht alles gibt. Den brauchen wir zwar nicht, aber immerhin wird so der Mülleimer nicht nass.

Wir sind zufrieden, haben seit Marios erster Hütte nochmal zehn Kilometer zurückgelegt und dann auch noch solch eine Superhütte gefunden. Zu Zweit im Wald nächtigen ist auch lustiger als alleine. So langsam werden wir zu Schutzhütten-experten, mustern akribisch jede Einzelne, die wir passieren auf Tauglichkeit und kommen somit zu folgenden Bewertungs-kriterien:

5 Sterne: Absoluter Luxus, hier stimmt wirklich alles. Eine aus massiven Bohlen gezimmerte Blockhütte mit Veranda. Zu drei Seiten geschlossen, vorne eine Tür und ein Fenster. Drinnen ein mit Platten, Holz oder Holzstückchen ausgelegter Boden; geräumig; ein großer Tisch; mindestens zwei breite Bänke, besser rundum, sodass man mit einer Isomatte gut liegen kann. Die offene Seite ist nicht zur Wetterseite ausgerichtet. Die Hütte ist abgelegen, keine breiten Wege, Panoramablick, Mülleimer, Hüttenbuch, Thermometer, große Übersichtskarte, Verbandskasten. Kaum eine Schutzhütte erreicht diesen 5-Sterne-Status, es ist quasi eine Kombination aus allem Luxus, den wir je entdeckt haben.

4 Sterne: Massiv gezimmerte Hütte, breite Bänke, Tisch. Abgelegen; ideal für ein Nachtlager, hat aber nicht den ganzen Schnickschnack.

3 Sterne: Tolle Hütte, etwas klein, nach vorne offen, keine zugigen Ritzen, man kann sich zur Not noch eine Bank reinstellen, und verbringt die Nacht trocken, sauber und windgeschützt.

2 Sterne: Kleine hölzerne Schutzhütte, an einem breiten Weg gelegen, stark frequentiert, schmale Bänke, ziemlich ungemütlich, aber man nimmt zähneknirschend in Kauf, dass man hier übernachten muss. Es ist zugig, aber die Kraft reicht nicht mehr aus, nach einer besseren zu suchen; immerhin hat man ein Dach über dem Kopf.

1 Stern: Kleine Schutzhütte mit allenfalls 10 cm breiten Sitzbohlen, reicht für eine kurze Rast bei Regen, ist aber sonst für nichts zu gebrauchen.

0 Sterne: Hölzerne Bretterbude, bei der man sich fragt, was die einzelnen Latten überhaupt noch zusammenhält. Nach vorne offen, wirkt sie eher wie eine Bushaltestelle, an der schon lange kein Bus mehr hält. Die Ritzen zwischen den Brettern sind breiter als die Bretter selber. Ein mosig grüner Belag liegt auf dem Holz; vermutlich ist es draußen trockener als drinnen. Einmal haben wir zwei davon nebeneinander stehend entdeckt. Hätte nur noch gefehlt, dass jeweils ein Damen / Herren Schild dran hängt. Wofür sollen die Dinger bitte gut sein? Wer sich setzt, läuft Gefahr, ungewollt eine Etage tiefer zu sitzen.

Sicherlich gibt es auch noch Zwischenkategorien, in die die meisten Hütten fallen. Nie aber findet man eine Hütte zweimal. Überdachte Wanderbänke fallen übrigens gar nicht in diese Kategorie, denn diese gilt nur für Schutzhütten.

Wir jedenfalls fühlen uns heimisch in unserer Schutzhütte, ich zehre meinen letzten Kanten Brot mit einem dicken Stück Käse auf und wir trinken unser wohlverdientes *FAP*. Schnell ist es dunkel, sodass wir uns in unsere Schlafsäcke hüllen. Schlafen können wir so früh nicht, also erzählen wir noch länger, bis wir schließlich in unseren nächtlichen Hüttenhalbschlaf versinken.

4 Sterne Hütte an der *Eisfelder Ausspanne* als Null-Euro-Unterkunft

Zwischendurch muss ich übrigens öfter mal vor die Hütte treten. Jetzt bekomme ich die Quittung: Das Zwiebelkuchen-Linsen-suppen-Buttermilch-Gemisch in meinem Magen-Darm-Trakt verursacht gewisse Winde, die trotz der nach vorne offenen Hütte im Inneren eher unerträglich sind.

Etappe 11: *Eisfelder Ausspanne, Werraquelle – Zollhaus Schildwiese*

Über den Thüringer Wald / 5. Rennsteigetappe;

Donnerstag, 11. September 2008

HBN → SON → KC

Landkreis Hildburghausen → Landkreis Sonneberg → Landkreis Kronach

Thüringen und Bayern (Oberfranken) /
Thüringer Schiefergebirge und Frankenwald

Die Strecke: Eisfelder Ausspanne (752 m ü.NN) → *Werraquelle* (760 m ü.NN) → *Eisfelder Ausspanne* (752 m ü.NN) → *Pechleite* (839 m ü.NN) → Friedrichshöhe (800 m ü.NN) → *Dreistromstein* (812 m ü.NN) → Limbach (738 m ü.NN) → *Sandberg* (834 m ü.NN) → *Sandwieschen* (777 m ü.NN) → *Rollkopf* (849 m ü.NN) → Neuhaus am Rennweg (835 m ü.NN) → Ernstthal (760 m ü.NN) → *Frankenwaldblick* (830 m ü.NN) → Spechtsbrunn (682 m ü.NN) → *Zollhaus Schildwiese* (699 m ü.NN).

Distanz: 35 km

Unterwegs: 7:30 – 19:00 Uhr, 11 h 30 min, 3.0 km/h

Das Wetter: Sonne, blauer Himmel.

Um 6 Uhr ist die Nacht vorbei, sie ist ruhig verlaufen, es wird hell. Sachen packen dauert seine Zeit. Mario braucht noch länger als ich. Beim Marschgepäck hält er es sehr spartanisch. Ein kleiner(!) Rucksack; ein dünner Schlafsack, eher einer Hülle ähnelnd; eine Hängematte mit Plane aber keine Isomatte. Eine Minitaschenlampe, keine Extrahose, kein Brettchen. „Alles Luxus!", sagt er. Und überhaupt, mein Minikopfkissen und die Wanderkarten braucht man alles nicht.

Auf dem *Rennsteig* mag das ja noch gehen, obwohl schon blöd, wenn man nicht weiß, welcher Ort als nächstes kommt und wann. Wo kann ich Wasser auffüllen? Wann kommt die nächste Schutzhütte?

„Wenn ich was gutes gefunden habe," sagt er, „dann bleibe ich einfach da."

Jedem das Seine! Jedenfalls bin ich gespannt, wie weit er ohne Karte kommt. Für mich wäre das nichts. Ich muss immer wissen, wo ich lang gehe, was rechts und links entlang des Weges so ist.

„In Deutschland braucht man das nicht. Später in Tschechien und Ungarn, da ist eine Karte wichtig!", sagt er. Sein Gepäck ist so knapp ausgetüftelt, dass er nicht einmal Platz für Proviant hat, daher das Trockenfleisch. Und auch das ewig lange Packen, bis dann endlich doch alles irgendwie untergebracht ist, obwohl es kaum geht.

Ich gebe ihm von meiner Hirschtalgsalbe ab, er ist schnell begeistert. Das merkt man sofort an den geschundenen Füßen. Jeden Tag eincremen ist wichtig.

„Die hole ich mir auch, da läuft man wie ein Hirsch."

Schon gestern Abend hatten wir das Schild zur *Werraquelle* gelesen. Die wollten wir sehen, da würden wir auch einen Umweg in Kauf nehmen. So marschieren wir gegen 7:30 Uhr los und erreichen sie über einen breit ausgebauten Forstweg nach 2,5 Kilometern.

Morgens an der *Werraquelle*;
Steinchen für Blankenstein

Obwohl hier im Wald ein Gasthaus steht, ist es ruhig heute morgen, alles verschlossen. Wir sind die Einzigen, die den nebeligen Dunst im Fichtenwald aufsteigen und verfliegen sehen. Die *Werraquelle*: Unterhalb des Weges rinnt das Wasser aus dem Berg. Ein plätscherndes Rinnsal von einem kleinen Gemäuer umfasst. So tritt das klare, kühle Nass durch das Maul eines Löwen zu Tage. Wir befüllen unsere Trinkflaschen. Das Wasser ist erfrischend und schmeckt erstaunlich gut. Gegenseitig helfen wir uns, mit dem Quellwasser die Haare zu waschen. Mario hat Haarwaschmittel und eine große Plastikflasche dabei, die wir befüllen und uns gegenseitig über den Kopf gießen. Wenn wir noch nicht wach waren, jetzt sind wir es! Wer kann schon von sich behaupten, sich in den Höhen des Thüringer Schiefergebirges mit *Werra*-Quellwasser gewaschen zu haben? Wir! Wir fühlen uns frei.

Ein guter Start in den Tag! Frohen Mutes über unser morgendliches Unterfangen haben wir noch eine ganz andere Idee. Die Tradition, von Hörschel, dem westlichen Beginn des *Rennsteigs*, einen Stein aus der *Werra* über das Gebirge zu tragen und am

Sonnenaufgang nahe der *Werraquelle*　　　　　　Rast in Friedrichshöhe

Weite Wiesen am *Rennsteig*, dort wo sich die Kühe küssen, sonst nichts.

Wiesen, Berge, Wälder; Neuhaus am Rennweg liegt hinter uns.

Ende nach 169 km in Blankenstein an der *Saale* in den Fluss, also die *Selbitz*, zu werfen, war mir am Anfang egal gewesen. So hatte ich keinen Stein aufgelesen und Mario hatte auch keinen dabei, da er seitlich von Eisenach auf den *Rennsteig* gestoßen war. Sein Ziel ist ja die Eisenach–Budapest-Fernwanderung, teils *Rennsteig*, teils auch als *ökumenischer Pilgerweg, Saale-Orla-Weg* oder durch die Buchstaben *EB* gekennzeichnet. Beide schnappen wir uns also ein Steinchen aus der *Werraquelle*, los geht's. Jetzt haben wir jeweils auch einen kleinen Symbolträger in der Hosentasche.

Es geht wieder zurück und als wir zum zweiten Mal die *Eisfelder Ausspanne* erreichen, haben wir bereits fünf Kilometer hinter uns. Das nachtfeuchte, schwarze Dach der Schutzhütte dampft unter der morgendlichen Sonne. Schon zuvor haben wir die Sonne aufgehen sehen, wie sie ihre Strahlen ausbreitet, die nur mühsam und breit gefächert durch das Dickicht des Nadelwaldes dringen.

Wir folgen schmalen Pfaden durch den Wald. Grobes Gestein, wie das eines Bachbettes überall, die Wegesränder teils von Gras aber auch von Moos bewachsen. Wir sehen den unterschiedlichsten Bewuchs und erreichen bald die Siedlung Friedrichshöhe. Gegen 9:30 Uhr lesen wir: *Wanderer halt Rast, wenn Du Durst und Hunger hast.* Die Gaststätte hat schon geöffnet. Wir setzen uns nach Draußen mit einem Blick über weite, grüne, von Wald umringte Wiesen. Wir trinken Kaffee. Mario isst Bockwürstchen. Ich überlege erst noch, ob ich Apfel- oder Mohnkuchen frühstücken soll, entscheide mich dann aber für beides. Es fühlt sich schon sehr nach Urlaub an und es fällt schwer zu überlegen, welcher Wochentag denn heute ist.

Ein mobiler Bäcker fährt vor und öffnet seinen Laden. Ich kaufe ein Brot und ein paar Brötchen für den Weg. Als wir schließlich drinnen, bei der rundlichen Hauswirtin bezahlen wollen, scheint es, als wolle sie uns ihre Lunge vor die Füße

Grenzstein am Rennsteig

husten. Sie bekommt einen Telefonanruf und hebt ab. „Was ist?", schreit sie und wir sehen zu, dass wir bezahlen können und davon kommen.

Der *Rennsteig* geleitet uns weiter östlich bis zum *Dreistromstein*. Steine gibt es viele hier, denn der *Rennsteig* war einst ein Grenzweg. Auch heute noch ist er vielfach eine Länder- oder zumindest Kreisgrenze. Grenzsteine stehen daher alle Nase lang am Wegesrand, verziert mit dem einen oder anderen Wappen. So hat man es sich vom Denkmalschutz heute zur Aufgabe gemacht, diese Steine zu pflegen und zu erhalten. Oft liest man *Dreiherrenstein* als Wegpunkt. Wir fragen uns, warum auf diesen Steinen ständig kleine Steinchen liegen. Sind sie etwa *Werra*-Steine von Wanderern, die es nur bis zum jeweiligen Grenzstein geschafft haben? Jedenfalls markiert nun dieser *Dreistromstein* die Wasserscheide dreier großer Flüsse. Wie in einem Dreiländereck die Länder aneinander grenzen, so grenzen hier unabhängig von menschlichen Grenzen die Einzugsgebiete dreier Ströme aneinander:

Rambach – Schwarza – Saale – Elbe,

Grümpen – Itz – Main – Rhein

sowie *Werra – Weser*

lauten die drei Verläufe des Wassers aus dem Thüringer Wald.

Weiter durch den Fichtenwald begleiten uns die Wurzelwege der Flachwurzler und die damit zusammenhängenden braunen, von Nadeln übersäten Böden. Wir rasten bei Kilometer 110 an der kleinen *Saar-Hütte* mitten im Wald, geben unseren Füßen die verdiente Auszeit und verewigen uns im Hüttenbuch. Ja, sogar einen Verbandskasten hat das runde hölzerne Etwas im Wald.

Dreistromstein, der Wasserscheide dreier großer Ströme.

Schließlich führt uns der *Rennsteig* durch die kleine Siedlung Limbach der Gemeinde Steinheid im Landkreis Sonneberg. Wir steigen 100 Höhenmeter hinauf auf den *Sandberg* und in der Tat sind es sandig steinige Stiege, die uns auf die bewaldete Erhebung führen. Im Winter ist dies eine Skiregion, aber auch im Sommer wird nicht gerastet und gerostet, denn oben auf dem asphaltierten Weg kommt uns in Hochgeschwindigkeit ein Langläufer entgegen, nur dass er eben keinen Schnee, sondern Rollen unter seinen Ski hat.

Am Wegesrand entdecken wir einen *Meilenstein,* der mit den Worten: *Frei ist der Kammweg 9. Nov. 1989* an die deutsche Teilung erinnert. Wir bewegen uns mal wieder entlang der ehemaligen innerdeutschen Grenze, von der die ganze Region gezeichnet ist. Immer wieder treffen wir Leute, die uns Geschichten von der Teilung erzählen. Dass sie diese Abschnitte ja gar nicht betreten durften, es den Franken aber auch nicht viel besser ergangen sei,

da auch deren Bewegungsfreiheit durch den Todesstreifen eingeschränkt war. Heute ist all dies Geschichte, aber vergessen ist es nicht.

Gegen 14 Uhr erreichen wir Neuhaus am Rennweg. Der ursprüngliche *Rennsteig* führt mitten durch die Stadt, eine Alternative mit Ortsumgehung wird, gekennzeichnet durch ein blaues *R*, angeboten. Wir aber beschließen, durch die Stadt zu marschieren, zumal wir ja unsere Vorräte an Wasser und Lebensmitteln auffüllen wollen. Ein endlos erscheinendes Geschleppe auf asphaltierten Straßen. Das weiße *R* geleitet uns durch die 6000-Einwohner-Stadt in den Höhen des *Naturparks Thüringer Wald*. Endlich, als wir schon fast wieder am Ortsausgang sind, erspähen wir einen Supermarkt. Ich kaufe eine *Thüringer Knackwurst*, einen Apfel, eine Banane und eine Tafel Schokolade. Für Mario suchen wir zunächst nach einem Röhrchen Brausetabletten, dann kauft er noch ein Stück dänischen Käse für unseren Hüttenabend. Brot hatte ich ja schon heute morgen erworben. Schließlich finde ich auch noch ein Schulheft für mein Tagebuch, denn die erste Kladde ist bereits vollgeschrieben – so viele Erlebnisse! Im Getränkemarkt nebenan kaufen wir je zwei Nullfünfereinheiten Aufbaunahrung.

Mit Sack und Pack – schon wieder sind die Rucksäcke schwerer geworden – ziehen wir hinaus aus dem Ort und es geht schließlich am Stadtrand entlang eines Waldstücks. Erschöpft rasten wir auf einer Bank an der großen grünen Wiese, die sich zwischen Stadt und Wald erstreckt. Das Bier ist entschieden zu schwer. „Ich trag das nicht den ganzen Tag mit mir rum für heute abend. Da kommt sicher noch eine andere Gelegenheit, Neues zu kaufen", sage ich. Die ersten zwei Kronkorken zischen. Mario lässt sich vom *Thüringer Jäger* Pils aus Breternitz erfrischen, auf dessen Etikett ein brüllender Hirsch prangt. Ich wiederum trinke *Gessner Pilsner*. Die Privatbrauerei aus Sonneberg wirbt mit ihrer *Thüringer Braukunst seit dem Jahre 1622*. Die Sonne ist stark, sodass ich meine Schirmmütze ins Gesicht ziehe. Auch Mario schielt; es ist uns zu anstrengend im Licht des grellen Himmelskörpers, also ziehen wir weiter. Zwischen Neuhaus am Rennweg und Ernstthal ist der Weiterweg an den Bahngleisen nicht ganz eindeutig. Das *R* auf dem Asphalt zeigt links herum, die grünen Wegweiser deuten rechts einen Hügel hinauf. Nach kurzer Unentschlossenheit

Letzte Badewanne vor der Grenze!

folgen wir links weiter dem Gehweg und passieren einen ganzjährigen Weihnachtsschmuckverkauf. Es ist schon merkwürdig, im September vor einem geschmückten Christbaum zu stehen. Silberne und goldenen Kugeln, und mittendrin ein überdimensionierter Weihnachtsmann. Es ist ein Werksverkauf, der mich eher abschreckt als anzieht. Ein paar Düsenflugzeuge jagen über den Himmel. In unserer kleinen Wanderwelt bekommen wir nichts mit vom Weltgeschehen. Mit dem Dröhnen in den Ohren fragen wir uns jetzt aber, was wohl an diesem elften September für Unheil in der Welt geschehen mag.

Wir wandern über einen staubige Baustelle. Ein Fahrzeug kommt uns entgegen und wirbelt eine riesige Staubwolke auf. Hier am Waldrand wird ein Haus gebaut. Wir laufen durch Wald und über Wiesen. Auf einem Feld steht eine Tränke mit Solaranlage. Es ist mir nicht ganz schlüssig, welchen Zweck die Anlage erfüllt. „Letzte Badewanne vor der Grenze", sagt Mario und lacht. Stetig nähern wir uns Oberfranken und dem Landkreis Kronach. Wir rasten vor dem nächsten Waldabschnitt an einem *Schrottplatz*, wie wir ihn nennen. „Und so was nennt sich also Qualitätswanderweg", sagt Mario, „und warum sitzen wir Deppen eigentlich schon wieder in der Sonne?" Ich habe keine Antwort auf die Frage. Aber in diesem Moment ist es mir auch egal, die letzte Rast war zu kurz und wenig entspannend. Wir sitzen auf einer morschen, stark zerfressenen Bank, deren Lehne nicht mehr hält. Flugs trage ich die Lehne der Nachbarbank herüber, die bereits abgefault ist und lege sie vor die andere. Doppelt hält besser. Es zischen die nächsten zwei Kronkorken. Über meine Kehle rinnt *Schwarzenbacher Pils-Hopfenperle*. Mario erfrischt sich am *Thüringer Jäger Export*, von dessen Etikett ein Wildschwein grüßt. Wildschweinkontakt hatte er nachts in seiner Hängematte ja bereits gehabt, also Prost Wildschwein. Mit seiner Taschenlampe hatte er solange geblinkt, bis die neugierigen Tiere wieder abgezogen waren. *Brauqualität aus der ältesten Brauerei des Thüringer Waldes,* lese ich auf meiner Flasche.

Beim Weiterziehen folgt der inzwischen standardmäßige Blick in die anliegende Schutzhütte des *Schrottplatzes*. Sie hat eher den Charakter einer Bushaltestelle. Wir wundern uns über den eigenartigen Bodenbelag, denn dicht an dicht wurden hier Pfähle in die Erde gerammt deren Kopf dann eine Fläche bildet. Warum einfach, wenn's auch kompliziert geht?

Mario durchläuft nun eine sportliche Phase, die er ausnutzen möchte. Eigentlich weiß ich gar nicht, was in ihn gefahren ist. Ist es das Wildschwein im Bier, welches ihn dazu veranlasst, vorne wegzusprinten, als sei er von einer Tarantel gestochen? Jedenfalls habe ich meine Mühe, hinterher zu kommen. Später erzählt er mir dann, ich hätte ihn einfach laufen lassen sollen, und hätte ihn dann schon irgendwann wieder eingeholt. Recht hat er, denn auf dem *Rennsteig* kann man sich nicht so einfach verpassen und ich hätte ihn in der Tat schon wieder eingeholt.

Mario ist so begeistert von unserer neuen Wanderallianz, dass er schon Pläne schmiedet, mich im nächsten Jahr bei der Fortsetzung seines Eisenach – Budapest Unterfangens mit über das Erzgebirge zu schleppen. Von Anfang an sind wir beide aber eher Einzelkämpfer, denn selten macht jemand solch ein Vorhaben zu Zweit. Entweder man findet niemanden, oder es passt terminlich nicht, das haben wir gelernt und alleine Wandern ist gar nicht mal so verkehrt! Vielleicht muss man sich seine Freiräume lassen, jedem sein eigenes Tempo zugestehen, dann kann man sich später immer noch wieder treffen. Im Schnitt hat man ein ähnliches Vorankommen, der Eine geht schneller, macht längere Pausen, der Andere umgekehrt.

Ich spute mich trotzdem und bleibe verschwitzt an Marios Fersen. Der *Nürnberger Skiweg* verläuft auf unserer Route, dann machen wir einen Abstecher zum *Frankenwaldblick* und schauen über die Wipfel der Bäume, über Berge und Täler. Es folgen entlang des nun breiten Schotterweges noch mehrere schöne Ausblicke nach Süden. Es folgt der *Triniusblick*, dann eine Griffelschieferformation und eine Siedlung mit Gastronomie, die aber verschlossen erscheint. Der Weg geht zwischenzeitlich in Asphalt über und die Zeit rinnt dahin. Der Abend kommt in großen Schritten. Wir laufen durch den Wald. Dann stehen wir am Rande dessen an einer sehr passablen Schutzhütte mit Fernsicht. Hügelige, steile Wiesen, auf denen Schafe und Rinder grasen. Unten im Tal Spechtsbrunn im Landkreis Sonneberg. Nach Südwesten eine sagenhafte Bergwiesenlandschaft vor einem bewaldeten, bergigen Horizont. Mario ist K.O., die sportliche Phase längst vergessen. Er ist geneigt zu bleiben. Ich sage: „Und nun? Kein Bier, kein Wasser, wo bleibt das Vergnügen?"

„Ich passe auf's Gepäck auf und Du rennst runter nach

Frankenwal

Bergwiesen und Wälder des Frankenwalds

Spechtsbrunn

Rinder am *Zollhaus Schildwiese*

Spechtsbrunn und holst Getränke."

„Ist klar!", sage ich ablehnend, „Wir müssen heute unbedingt so weit kommen, wie möglich. Über 40 km ist zu viel für morgen und den letzten Tag." Er ist nicht sonderlich begeistert, trottet aber hinterher.

Ich laufe vorweg, es ist 17:45 Uhr und ich weiß nicht, wann in diesem Kaff die Geschäfte schließen, falls es überhaupt welche gibt. Den breiten Weg an den Weiden hinunter ruft mir Mario hinterher: „Wenn ich nicht komme, bin ich in der Hütte!"

Am Ortsanfang ruft mir ein Mann zu: „Hier rechts hinunter." Irgendwie ist das hier so üblich, dass die Einheimischen immer gleich warnen, wenn man vom *Rennsteig* abkommt, frei nach dem Motto: Andere Wege geht im Thüringer Wald eh niemand; das merkt man auch ganz deutlich an der rechts und links des Weges stark abnehmenden Schilderzahl – man denke an meine Irrwege nahe der *Wartburg*.

„Gibt es hier im Ort einen kleinen Laden?"

„Nein! Was brauchen Sie denn?"

„Wir hätten gern ein paar Flaschen Bier."

„Ach so, kein Problem, da unten auf der Ecke ist gleich ein Gasthaus."

Ich laufe die Straße hinunter und sehe am Gasthaus auf der Ecke ein Schild *Getränkeabholmarkt*. Ich klingele – das ist hier auf den kleinen Dörfern immer so: Geschäft auf Anfrage – die Gegensprechanlage ertönt: „Ja bitte?"

„Ich hätte gern etwas in Ihrem Getränkemarkt gekauft."

Eine Frau öffnet und ich gebe meinen Wunsch nach Bier kund.

„Welches möchten Sie denn?"

„Am liebsten ein regionales."

Ich kaufe vier Nullfünferlängen *Saalfelder Pils*.

„Möchten Sie die Flaschen auch?"

Ich verstehe nicht ganz, aber vermutlich ist man hier auf dem Dorf so vertraut, dass die Leute keinen Pfand bezahlen. Ich nicke: „Geht ja auch schlecht ohne die Flasche."

Ich frage noch nach Leitungswasser und die Frau zeigt mir einen Wasserhahn draußen am Haus. Auf einer Bierbank verstaue ich meine zwei Flaschen, befülle meinen Zwei-Liter-Wasservorrat und warte auf Mario. Er lacht, als er die Biere sieht:

„Jetzt, mit der Aussicht auf Brotzeit und Bier läuft es sich bestimmt gleich besser." Auch er befüllt seinen Wasservorrat, es geht weiter.

Ich überquere die Straße und mit affenartiger Geschwindigkeit kommt ein großer LKW um die Kurve geschossen. Wir laufen hoch auf einen Berg, wieder hinunter und nochmals über eine große Kreuzung hinweg. Von der *Kalten Küche* aus folgen wir nun einem asphaltierten Weg über das freie Feld. Weiter links die große Straße, ich vorneweg und Mario schleppend hinterher. Aber auch meine Schultern schmerzen inzwischen. Gerade deshalb werde ich dann immer schneller. Entweder ist es der Heimtrieb oder der Drang möglichst schnell da zu sein, denn dann ist die Qual kürzer. Durch ein Waldstück; es begegnen mir unten ein paar freundlich grüßende Radfahrer. Wieder über eine Wiese, ich drehe mich um und sehe Mario, der quer durch den Wald hinterher kommt und um einen Wegesknick abkürzt. Ich will zum *Zollhaus Schildwiese*, dort ist eine Schutzhütte in die Karte eingezeichnet. Sie liegt nahe einer Straße, aber das ist mir inzwischen egal. Ich will nur noch ankommen. Auf einer Bank sitzen ein Mann und eine Frau. Mario hat mich inzwischen eingeholt.

„Wohin soll es denn noch gehen, Steinbach am Wald?"

„Ja, so die Richtung", sagen wir.

Jeder hat Recht auf Freiheit – Wiedereröffnung des Rennsteigs am 28.04.1990 steht auf einem großen Schild, das sowohl vom thüringischen, als auch bayerischen Wappen verziert ist; eine Friedenstaube entfliegt dem Stacheldraht und die *Mareile*, das *R*, prangt im Bild.

Insgesamt dreimal geht es über die Grenzlinie zwischen Thüringen und Oberfranken hinweg, bevor wir vorbei an einer Herde Hochlandrinder das *Zollhaus Schildwiese* erreichen. Wir befinden uns im *Naturpark Frankenwald*, Landkreis Kronach, Bayern (Oberfranken) und müssen unsere Liste der Schutzhütten-kategorien um einen Punkt ergänzen:

Kurioses: Ein in der Karte als Schutzhütte ausgewiesenes Objekt, dessen Erscheinung einzigartig und schwerlich mit dem Begriff *Schutzhütte* umschrieben werden kann.

Ein geräumiges Flachdachhäuschen mit Plexiglasfront und Separee. Innen werden auf vielen bunten Tafeln die Besonderheiten des Frankenwalds präsentiert. Ein Mülleimer und entlang der hinteren Wand und im Separee breite Bänke. Dazu ein abgeschlossenes, nicht näher bekanntes Abteil. Ich lasse mich nieder, beschließe im Separee zu schlafen und warte grinsend auf Mario. Auch er lacht: „Was ist das denn?"

Bleiben müssen wir hier wohl oder übel, denn hier im östlichen Teil des *Rennsteigs* ist es im Gegensatz zur Gegend um den *Inselsberg* sehr mau mit Schutzhütten. Deutlich weniger Wanderer bevölkern diesen Wegesabschnitt. Die Wege, Markierungen und Einrichtungen sind weniger gepflegt als anderswo, es

Kuriose Hütte am *Zollhaus Schildwiese*

Florians Nacht im Separee und...

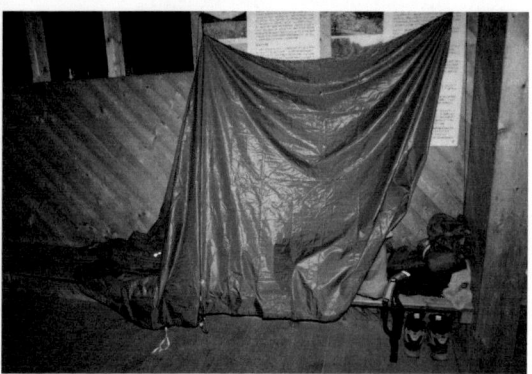

Marios Nachtlager am *Zollhaus Schildwiese*

gibt mehr Asphaltpassagen. Auch Mario lässt sich nieder. Vorne verläuft ein asphaltierter Weg zu den Wiesen mit den Rindern. Ansonsten befindet sich hinter der Hütte ein kleines Waldstück hinter dem wiederum eine viel befahrene Straße verläuft. Wir nehmen sie in Kauf. Was bleibt uns anderes übrig!?

Wir halten unsere Brotzeit mit viel Käse, *Thüringer Knackwurst* und *Saalfelder Pils*. Schnell wird es dunkel. Im Licht meiner Taschenlampe bastelt sich Mario mit seiner Plane ein Nachtlager: „Ich habe keine Lust hier in meinem Schlafsack hinter der Plexiglasscheibe als Schauobjekt auszuliegen." Es würde eh niemand kommen, aber etwas Kälte- und Sichtschutz bietet seine Plane, die er wie einen Vorhang vor die Bank hängt schon. Die Nacht verläuft ruhig und ich kann im Schlafsack auf meiner Isomatte ziemlich gut schlafen. Es ist kalt geworden, aber drinnen ist es kuschelig warm.

Etappe 12: *Zollhaus Schildwiese* – Blankenstein

Über den Thüringer Wald / 6. Rennsteigetappe;

Freitag, 12. September 2008

KC → SLF → SOK

Landkreis Kronach → Landkreis Saalfeld-Rudolstadt → Landkreis Saale-Orla-Kreis

Bayern (Oberfranken) und Thüringen /

Frankenwald, Thüringer Schiefergebirge und Obere Saale

Die Strecke: Zollhaus Schildwiese (699 m ü.NN) → *Ausweichroute Rennsteig → Roter Turm / Waidmannsheil* (677 m ü.NN) → Steinbach am Wald (600 m ü.NN) → *Gr. Bischofsstein* (729 m ü.NN) → Brennersgrün (705 m ü.NN) → *Hohe Tanne* (722 m ü.NN) → Grumbach (710 m ü.NN) → *Finkenberg* (725 m ü.NN) → Rodacherbrunn (685 m ü.NN) → *Kirchhügel → Ende der Wasserscheide* (700 m ü.NN) → *Kulmberg, Diabas Steinbruch → Schlegel* (625 m ü.NN) → *Krähenhügel* (640 m ü.NN) → *Taubenhügel → Ausspanne am Wiesbühl, Wegesspinne* (585 m ü.NN) → *Wiesbühl* (605 m ü.NN) → Kießling (570 m ü.NN) → Blankenstein (415 m ü.NN).

Distanz: 38 km

Unterwegs: 7:00 – 19:30 Uhr, 12 h 30 min, 3.0 km/h

Das Wetter: Erst sonnig, dann bedeckt, starker Temperaturfall.

Um 6 Uhr klingelt Marios Wecker und er beginnt hinter seiner Plane zu rumoren: „Aufstehen!" Ich räkele mich aus meinem Schlafsack. Es folgt der übliche morgendliche Trott nach einer Schutzhüttennacht. Mario braucht mal wieder länger, mittlerweile bin ich recht fix geworden. Zum Frühstück gibt es erstmal nur eine in Wasser aufgelöste Multivitamintablette, der Rest wird auf den nächsten Ort vertagt. Um 7 Uhr marschieren wir mit Sack und Pack durch den Landkreis Kronach.

Wir müssen die Straße überqueren; auf der anderen Seite folgen wir der Alternativroute, die nicht in der Nähe der Straße verläuft, sondern natürliche Wiesenlandschaften und verschiedenartige Waldbilder verspricht. Auf den 8 statt 6,7 Kilometern bis Steinbach am Wald, so heißt es, sollen wir einen Einblick in die Ursprünglichkeit des Frankenwaldes erhalten. Über den Fichten erstrecken sich lang gezogene, orange bis rosafarbene Wolkenfetzen, die Sonne geht auf. Überwiegend breite Forstwege geleiten uns durch den Nadelwald und über Lichtungen hinweg, die unterschiedlichen, überwiegend dörren Bewuchs aufweisen.

Mario braucht immer erst eine Weile, bis er in der morgendlichen Müdigkeit seinen Marschschritt gefunden hat – so sagt er selbst – also gehe ich weit voran. In Steinbach würden wir uns schon wiedersehen zum Kaffee. Schon bald ist er hinter mir außer Sichtweite, ich gehe meinen morgendlichen Schnellschritt, erstmal zwei Stunden stratzen soweit man kommt, dann kann man immer noch rasten und frühstücken. Vielleicht schreibe ich dann einfach Tagebuch, bis mich Mario eingeholt haben wird. Seit wir zu Zweit wandern, bin ich mit dem Schreiben etwas in Verzug geraten.

Breite Forstwege, auch als *Naturlehrpfad* markiert, führen mich schlangenlinienförmig durch den Wald. Alle Nase lang stehen Hinweisschilder und Infotafeln am Wegesrand. Ich erreiche den *Roten Turm*. In der Karte ist eine Hütte markiert, sie entpuppt sich jedoch als überdachte Wanderbank, derer es in Thüringen viele gibt. Gut, dass wir gestern nicht noch weiter gegangen sind! So muss ich meine Schutzhüttenkategorie-Liste nochmals ergänzen:

5 bis 0 Sterne und **Kurioses** siehe weiter vorn.
Der Blöff: In der Karte als Schutzhütte gekennzeichnetes Objekt, das sich in Sichtweite als hölzernes Konstrukt entpuppt, das nicht mehr als eine überdachte Bank ist. Zwei Bänke mit einem Tisch in der Mitte und darüber ein Dach,

alles miteinander verbunden. Liebe Leute, es ist ja ganz nett, dass ihr hier so eine Luxusbank hinsetzt, aber kennzeichnet sie doch bitte nicht als Schutzhütte, es ist nämlich keine!

Der *Rote Turm* ist ein bekannter Ort des *Rennsteigs*, an welchem kein Aussichtsturm, sondern symbolisch nur ein roter Pfahl mit Spitze steht, der wiederum etwas von einer Rakete hat. Der Geschichte nach ist es ein ehemaliger Jagdsammelplatz, an dem 1651 eine Malerei mit rotem Turm und wilden Tieren an einem Baum gehangen haben soll. Kein sonderlich aufregender Ort, heute nur eine Weggabelung. In der Umgebung, *Waidmannsheil*, wurde 1896 der *Rennsteigverein*

Roter Turm

gegründet. Im Thüringer Wald nämlich, gibt es neben dem *Thüringer Wald Verein 1890 e.V.*, der ähnlich wie im Harz der *Harzklub e.V.* zahlreiche Zweigvereine unterhält, auch den *Rennsteigverein*. Alle haben ihre Statute, Satzungen und Ideale. So zum Beispiel schreiben sie, dass eine *Runst*, also eine *Rennsteigwanderung*, eigentlich genau sechs Tage dauert; in geraden Jahren von Blankenstein nach Hörschel und in ungeraden von Hörschel nach Blankenstein. *Runst* kommt dabei angeblich von *Rennen*, so wie *Kunst* von *Kennen*, das war vor 100 Jahren schick. Das *R* an den Bäumen heißt *Mareile*, abgeleitet vom Namen der Försterstochter vom *Forsthaus Waidmannsheil*, dem Gründungsort des *Rennsteigvereins*. Viele Regeln, Statute und Traditionen. Die Heimat- und Wandervereine leisten gute Arbeit, wenn sie unter anderem Wege kennzeichnen und pflegen. Daher sind sie eine wichtige Institution. Und dennoch schrecken sie mich mit ihren Vorstellungen und 50-Mann-starken Wandergruppen ab, die die acht Meter breiten Schotterwege planieren und einem das Grußwort zum Hals raus hängt, wenn man einer solchen Menschenmasse begegnet. Für mich ist Wandern etwas anderes. Alleine oder mit einzelnen Weggefährten durch verlassene Gegenden streifen; 20, 30, 40 oder mehr Kilometer am Tag zurücklegen, die Ruhe des Waldes und die Weite der Berge genießen, aber eben nicht mit 50 Mann die breiten Forstwege unsicher machen. *Glück Auf und Gut Runst!*

Ich passiere große Berge dampfender Holzspäne. Lang hängt mir der angenehm etherische Duft in der Nase. Das Harz der Bäume entfaltet sein Parfüm im Wald. Schließlich erreiche ich gegen 9 Uhr den Asphalt von Steinbach am Wald. Hier liegt auf 625 m ü. NN die Wasserscheide zwischen Elbe und Rhein. Der Ort wird durchquert von der B 85 und ich lese Wahlplakate. *Frischer Wind für Oberfranken,* heißt es, denn noch im September wird ein neuer Landtag gewählt im Bundesland Bayern. Soweit bin ich nun schon gekommen von Niedersachsen über Hessen und Thüringen in diesen äußersten Zipfel von Bayern. Ich gucke ein wenig umher, und sogleich fragt mich eine ältere Frau, ob sie helfen könne. Ich frage nach einem Café und sie empfiehlt mir den Bäcker. „Da müssen Sie nur die Straße hinunter gehen", sagt sie in ihrem fränkischen Dialekt.

Geleitet vom R trete ich ein in die Bäckerei: *Bei uns frühstücken Sie für 5 € königlich.* Das klingt gut. Ich setze mich ins Hinterzimmer, und zwar so, dass ich die Straße weiter im Blick habe, falls Mario vorbeikommen sollte. Ich bekomme meinen Kaffee, davon gibt es soviel ich will. „Hier haben Sie schon mal was vorweg, der Rest kommt gleich." Die Bäckerin setzt mir zwei Riesenstücke Zuckergebäck vor, ein Mandelhörnchen mit Marmeladen- und eins mit Apfelfüllung. Fast bin ich schon satt, als ein Korb mit sieben bis acht Brötchen auf den Tisch gestellt wird. „Ihr Ei kommt gleich." Es folgen eine große Käse-Wurst-Platte und ein Glas Orangensaft.

„Hat das eigentlich schon mal jemand aufgegessen?", frage ich die Auszubildende.

„In letzter Zeit nicht", entgegnet sie, „aber stört es Sie, wenn ich hier aufwasch?"

Ich verstehe das Fränkisch zwar nicht gleich, aber murmele: „Nö, nö."

Etherisch dampfende Holzspäneberge

Ein Mann sitzt am Nachbartisch und spielt den Besserwisser. Das Mädel wischt den Boden. „Hast Du wohl nicht gelernt zuhause was? Heutzutage..." So geht das eine ganze Weile auf Fränkisch weiter, bis er schließlich geht, lacht und denkt, er wäre dabei auch noch gut angekommen.

„Der sitzt jeden Morgen hier", sagt sie schließlich. Eine Dreiviertelstunde verbringe ich in dem Laden. Mario taucht nicht auf. Nach zwei Brötchen und drei Kaffee resigniere ich vor der Menge und ziehe weiter.

Dann mache ich eben später in der Sonne Pause, schreibe Tagebuch, bis Mario auftaucht. Ich verlasse den grauen 3900-Einwohner-Ort entlang der Straße. Zu Beginn hatte es auf den Schildern immer geheißen: *Rennsteig, Höhenweg des Thüringer Waldes*. Nun lese ich: *Rennsteig, Höhenweg des Thüringer- und Frankenwalds*.

Irgendwie meine ich, der *Rennsteig* würde mich über die Straße weisen und folge einem breiten Schotterweg, der sich am Waldrand entlang wieder der Straße nähert. Keine *R*s mehr, aber eine Markierung des *Burgenweges*. Ich studiere die Karte, gucke in alle Richtungen und sehe plötzlich Mario auftauchen. Er sei

Morgendämmerung im Kreis Kronach

Karge, trockene Böden mit Heidelbeersträuchern am Wegesrand

Dörres Gras am *Rennsteig*

Auf der ehemalig innerdeutschen Grenze

142

schon die ganze Zeit hinter mir hergehetzt.

„Stratzen!", sage ich.

Er lacht, denn dieses Wort kennt er gar nicht, aber von nun an benutzt er es regelmäßig. Einfach immer mal ordentlich stratzen, dann holt er mich auch wieder ein. Er habe beim Schlachter deftig gefrühstückt. Die fränkischen Gespräche an der Ladentheke seinen köstlich gewesen. Um die Wurst ging es, im wahrsten Sinne des Wortes. Welche man denn empfehlen könne? „Aber die kennt man ja gar nicht. Ob die denn auch gut ist?" „

Ja freilich ist die gut!"

„Also wirklich, wenn die nicht gut ist, dann komm´ ich wieder." So in etwa...

Jedenfalls suchen wir nun gemeinsam nach dem rechten Weg, folgen dem Schotterweg bis zur Straße und darüber hinweg. Da ist es wieder, das *R*. An der nächsten Kreuzung lesen wir: *Thüringenblick 200 m*. Wieder so ein Aussichtspunkt, der vom eigentlichen Weg wegführt, aber die 400 m Umweg nehmen wir in Kauf. Es geht auf einen Hügel mit Windrad und Häuschen. Der Blick ist ganz nett aber nicht umwerfend: Hügelige Felder und Wälder. Wir rasten am Häuschen, das auf einem Extrahügel steht, auf dem sich eine Sitzbank befindet. In der Sonne trocknen wir unsere Füße. Ich versuche, ein wenig mit meinem Tagebuch aufzuholen. Mario studiert meine Wanderkarten. So ganz schlüssig ist er sich noch nicht mit dem Verlauf seines *EB*. Derweil nervt uns eine äußerst hartnäckige Biene, die um unsere Köpfe summt. Einen Augenblick später gesellt sich auch noch eine Wespe hinzu. Ich esse meinen Apfel, dann geht es weiter. Mario läuft schon mal voraus, während ich meinen Kram wieder sorgfältig zusammen schnüre.

Über die Straße geht es in den Wald. Schmale Pfade führen

uns entlang einer Unmenge von Blaubeersträuchern, dann über weite Lichtungen mit hohem, goldenem Waldgras. Wir erreichen einen Plattenweg und somit die Ländergrenze Bayern – Thüringen. Ein breiter, nicht bewaldeter Streifen samt Plattenweg ist zu erkennen, der ehemalige Todesstreifen; heute überwuchert von trockenem Gesträuch. Am *Kurfürstenstein* steht eine massive Blockhütte, die ideal für eine Übernachtung gewesen wäre. Wir treffen ein Ehepaar. Der Mann war ehemals Grenzsoldat auf der thüringischen Seite. Er erzählt uns eine Geschichte nach der Anderen; von Sauferei und der Angst selbst hinter Gittern zu landen, falls eine Republikflucht unter seiner Wache gelungen wäre. Sie fragen auch nach unserer Tour, woher und wohin? Wie viele Kilometer am Tag, wie viel Gepäck, wo wir schlafen? „Uff", sagt der Mann, „jetzt, wo ich weiß, dass Sie auch mal in den Schutzhütten übernachten, geht es ja. Von Wanderern hat man ja generell nichts zu befürchten. Aber sonst bei meinen früh-morgendlichen Spaziergängen habe ich nie in die Hütten geschaut. Ich wäre tot umgefallen vor Schreck, hätte dort jemand gelegen." Er erzählt noch mehrere recht interessante Geschichten, aber seine Frau versucht schon die ganze Zeit, ihn wieder los zu bekommen:

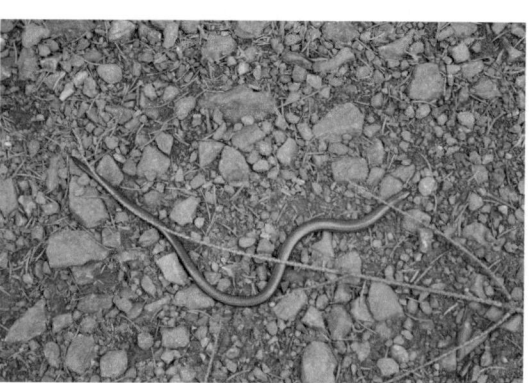

Eine Blindschleiche auf dem Weg

„Mensch komm doch jetzt, das interessiert doch die Leute gar nicht..."

Große Infotafeln stehen am Wegesrand. Sie erläutern die historischen Grenzsteine am *Rennsteig*, die Sperr-anlagen der DDR und berich-ten von der ersten deutsch-deutschen *Rennsteigwander-ung* von Brennersgrün nach

Spechtsbrunn am 28.04.1990. Das Thüringer Schiefergebirge überrascht uns im Folgenden mit teils lichten Bergmischwäldern. Den monotonen Fichtenwald haben wir hinter uns gelassen. Fichten, Rotbuchen, Weißtannen, Bergahorn und Ebereschen wachsen kreuz und quer. Dennoch dominieren zunächst noch die Nadelbäume den Wald. Aber hier und da gucken die grünen Blätter mächtiger Buchen hervor und zwischendrin, in herbstlich bunten Farben, weitere Laubbäume, eine Augenweide.

Wir erreichen Brennersgrün, eine kleine Ortschaft der Stadt Lehestein im Landkreis Saalfeld-Rudolstadt. Es sticht einem sofort ins Auge, denn ausnahmslos sind alle Häuser mit schwarzem Schiefer verkleidet. Das Thüringer Schiefergebirge lässt grüßen! Am Ortseingang lesen wir den Reim: *Rennt Euch, Ihr Rüstigen Renner, in Rastloser Runst, vom rundlichen Ranzen den ranzigen Speck!* Und nichts anderes tun wir seit Tagen.

Brennersgrün im Thüringer Schiefergebirge,...

Fast schon am Ortsende entdecken wir eine Gastwirtschaft. Zeit für die erste Flüssignahrung. Es ist 12:30 Uhr, wir scheinen die ersten und einzigen Gäste zu sein. Wir setzen uns hinten raus auf ein paar Plastikstühle. Die Hauswirte scheinen tschechischer Herkunft zu sein, denn sogleich fallen ihnen die

...darauf nehmen wir erstmal einen Hobel.

145

tschechischen Worte auf Marios T-Shirt auf. Die Zwei in der Gaststube rufen nach dem Chef: „Kundschaft!" Wir sitzen draußen und warten. Nach einer ganzen Weile kommt der Wirt mit zwei Nullvierer Einheiten *Weismainer Püls Bräu - fröhlich, fränkisch, frisch* an Land. Er ist launisch, guckt grimmig, sagt kein Wort und verschwindet umgehend wieder. Wir versuchen uns an dem halb gekühlten Flüssiggold zu erfrischen, so gut es geht und denken an die zweite Einheit – aber nicht hier, lautet der einstimmige Beschluss. Nebenan fahren ein Mähdrescher und ein Trecker parallel zu einander und laden unentwegt Heu von der frisch gemähten Wiese auf einen Hänger. Das Heu liegt bereits in langen Bahnen aus und wird nun durch ein Rohr geschossen.

Mit einer Berglandschaft am Horizont geht es weiter über Wiesen und Felder von Brennersgrün vorbei an Grumbach. In Rodacherbrunn, einem Ortsteil der Stadt Wurzberg, sind wir im Saale-Orla-Kreis angekommen. Hier soll es die nächste Erfrischung geben. In der Karte ist ein Gasthaus verzeichnet. Von Brennersgrün sind es sechs Kilometer. Als wir das winzige Straßendorf erreichen, deuten die *R*s nach links entlang der Straße. Rechts liegt die Ortschaft, da muss das Gasthaus wohl im Ort sein.

Unser Tunnelblick – so die spätere Deutung – führt uns durch das gottverlassene Nest. Entlang der befahrenen Straße stehen teils heruntergekommene Häuser, leer stehende Gebäude und ein Zaun einer ehemaligen Kaserne. *Wurzbacher Backhaus* und *Gewerbegebiet*, lesen wir, nachdem wir erfolglos dort geklingelt haben, wo *Getränkeabholmarkt* an der Tür steht. Wir verschwenden unsere Kraft mit den Schritten auf Asphalt und laufen zur sogenannten *Rennsteigbäckerei*, die sich als eine reine Fabrik entpuppt: Ein großer Container mit Brotabfall, ein paar Arbeiter mit mehlverschmierten Gesichtern beim Beladen eines Lasters, sonst nichts. Alles äußerst ausladend. Und die Bezeichnung *Gewerbegebiet* für dieses Zwanzighäuserdorf ist auch ein wenig befremdlich.

...acherbrunn, Stadt Wurzberg, SOK, ein trostloser Ort...

...er uns nahezu in den Wahnsinn treibt. Gewerbegebiet, ja nee ist klar!

...ch dann erscheint uns die kleine Hütte *Mareile am Rennsteig* wie eine Oase.

Thüringer Schiefergebirge, ein Ende des Fichtenwalds ist in Sicht; ehem. Grenzstreifen

Weite Felder, Obere Saale

Karge Landschaft am *Rennsteig*

Wir nähern uns dem Ende des *Rennsteigs*, Wetterumschwung.

Ich bin kurz davor, das Nest zu verfluchen. Wie kann es sein, dass hier keine Gastronomie zu finden ist, wo doch in der Karte das Symbol eines Glases zu erkennen ist? Kein Wasser mehr und bis zum nächsten Ort mindestens 7 km. Wir gehen zurück und nahe des Ortsausgangs am *Rennsteig* sehen wir plötzlich eine kleine, bewirtschaftete Hütte. Nicht groß beschildert aber immerhin steht an der Straße ein Klappschild. Warum haben wir das nicht gesehen? Stand das Schild hier vorhin noch nicht? Wir wissen es nicht.

Eine ganze Armada Sonntagswanderer schwenkt aus dem Wald, hält geradezu auf die Bude drauf zu und bevölkert die Tische. „Es ist mir ganz egal", sage ich, „und wenn ich mich da auf die Wiese setzen muss, ich will jetzt hier ein Bier." Wir lassen uns vor der *Mareile am Rennsteig* auf zwei Kinderbänken nieder und bestellen etwas zu Essen. Mario isst einen Satz Würstchen, ich eine Schinkenplatte; dazu gibt es *Lobensteiner Turm-Pils* aus der Nullfünfer-Stilgranate. Die Gläser schenken wir uns. Drinnen sitzt eine Runde älterer Herren, die mit der Wirtin unentwegt Skat kloppt. Die Teilnehmer der Wandergruppe bewundern gegenseitig ihre tollen Stiefel. Überhaupt sehen sie alle befremdlich adrett aus in ihren Karohemden. Wie kann denn das Hemd eines Wanderers so gebügelt und die helle Hose so sauber aussehen? Da ist doch was faul. Und als sie dann vor der Bude auch allesamt ihre Tupperdosen auspacken, sind sie bei uns sowieso unten durch. Von den vielleicht fünfzehn Leuten bestellen fünf einen Kaffee und einer ein *Köstritzer*. Er guckt ganz verwundert, als das Schwarzbier eintrifft. „Na, Sie haben doch die Karte da liegen, können Sie ja wohl lesen, dass das ein Schwarzbier ist", raunt die Bedienung verständlicherweise zurück. Picknick kann man ja wohl im Wald machen, und bei der Einkehr eben einkehren, wie sich das gehört. Uns den Tisch abspenstig machen und dann auch noch den mitgebrachten Kram futtern. Nee nee nee! Mario regt sich schon die ganze Zeit auf.

Irgendwann ziehen sie fort: „Unser Bus geht", heißt es, worüber sich Mario kaputt lacht. Ich darf drinnen den Akku meiner Kamera laden. Nach dem zweiten Pils lassen wir auch unseren Wasservorrat auffüllen. Dann geht es weiter.

Es ist kalt geworden. Ich trage meine Jacke und Mario kramt sein Hemd hervor. Kommt der vorausgesagte Wetterumschwung also doch noch. Nach den zwei Pils braucht es erstmal einen Moment, bis ich so richtig in Trab bin; die Wandermotivation ist irgendwo im Keller. Vorbei an einem gebastelten Miniaturdorf aus Moos, Zapfen und allerlei Material, das man im Wald findet, ziehen wir dann lange Zeit auf breit geschotterten Wegen weiter. Schließlich passieren wir den abgezäunten *Kulmberg Diabas Steinbruch*, den man allerdings vom Weg aus aufgrund des Bewuchses nicht groß erkennen kann.

Im Laubwald müssen wir nochmal ansteigen. Oben am Waldrand halten wir eine kurze Getränkepause mit Magnesiumtabletten. Dann geht es am Waldrand entlang. Über hügelige Wiesen und Felder blicken wir auf die dunstverhangenen Berge. Es geht entlang einer kleinen Bäumchenallee abwärts. Ein Schild deutet auf einen 400 Jahre alten Apfelbaum hin. Dann erreichen wir die Ortschaft Schlegel. Die Straßen sind teils aufgerissen, eine Baustelle, Kinder rasen auf kleinen Fahrrädern umher. Der Ort hat keinen Laden aber in dem kleinen Gasthaus kann ich für uns noch Bier kaufen, *Kulmbacher* außer Haus, für unseren Hüttenabend versteht sich. Mittlerweile ist es 18 Uhr.

„Was habt ihr denn noch vor Jungs?"

Kurz vor Schlegel

„Wir wollen noch bis Blankenstein."

Das stimmt zwar nicht ganz, genügt aber der Auskunft. Es geht hinaus auf einen Hügel, dann führt der *Rennsteig* immer entlang der Straße, nicht sonderlich abwechslungsreich. Mario hängt hinterher und ist schon etwas missmutig. Ich bin innerlich angespannt. Wie wohl die in der Karte verzeichneten Schutzhütten sein mögen, derer es viele geben soll? Nacheinander enttarnen sie sich allesamt als überdachte Wanderbänke, was uns regelrecht wütend macht. Trotzdem lachen wir und überlegen, wie es weitergehen soll. Meine vorgebuchte Pension in Blankenstein hatte

Das Ende naht

Kaum zu gebrauchen, die Dinger!

ich tagsüber bereits abgesagt. Wir plädieren bezüglich der Schutzhüttenblöffs für einen Paragraphen im Strafgesetzbuch:

Die Schutzhüttenblöffstrafe: Wer überdachte Wanderbänke und/oder artverwandte Einrichtungen in Wanderkarten mit dem Schutzhüttensymbol versieht und/oder kennzeichnet, wird mit nicht unter 20 Übernachtungen auf eben diesen Bänken bei Wind und Wetter bestraft. Die Verwendung von Planen und sonstigen wind- und regenabweisenden Materialien ist hierbei nicht gestattet.

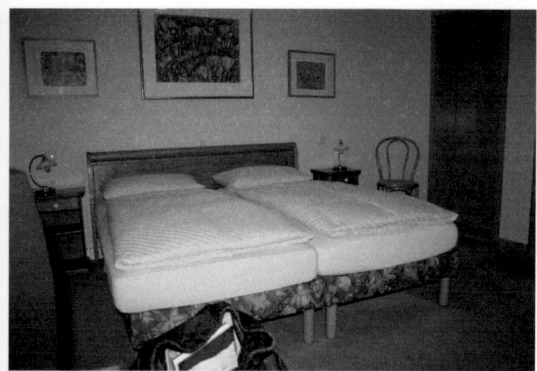

Nun doch das Pensionszimmer für 26,50 € pro Person,

aber immerhin doch noch mit einem finalen Picknick.

War sonst noch was? Ach ja, das Trockenfleisch!

Längst haben wir das Thüringer Schiefergebirge hinter uns gelassen und das Gebiet der Oberen Saale erreicht. Mario will sich zunächst wirklich auf die Bank mit Straßenblick legen, aber ich kann ihn überreden weiter zu ziehen. Es sind vielleicht noch drei Kilometer bis nach Blankenstein. Schließlich schleppt er sich dann in größerem Abstand doch hinter mir her.

Mittlerweile habe ich nochmal in der Pension angerufen und ein Doppelzimmer bestellt. Gegen 19:30 Uhr erreiche ich die *Pension Am Rennsteig*, nachdem es eine sehr steile Straße hinunter gegangen war. Vor dem Haus warte ich auf einer Bank auf Mario. Zwei neugierige ältere Herren treten vor die Tür. Sie seien heute von Steinbach hierher gewandert; ob ich morgen auch noch wandern wolle?

„Nee", sage ich, „das habe ich alles schon hinter mir; bin vom Harz hierher gewandert, das reicht für´s Erste."

Mittlerweile hat es angefangen zu nieseln, dann trudelt Mario ein. „Wie machst du das nur?", fragt er. „Das sieht aus, als würdest Du gerade erst los gelaufen sein, kein bisschen Müdigkeit im Schritt!"

„Ach", sage ich, „das sieht nur so aus. Aber wer schneller geht, hat auch alles schneller hinter sich."

Wir beziehen unser Zimmer und halten unser Picknick nach der Dusche ebendort. Ein halbes Brot, etwas Käse, der Rest Wurst, eine zweite Probe von Marios Trockenfleisch und dazu das *Kulmbacher*, ein zünftiges Abendessen. Wir sind froh, dass wir es geschafft haben, auch wenn es für Mario noch weitergehen wird. Die Füße schmerzen und so gehen auch hier bald die Lichter aus. Ich schlafe mal wieder in meinem Schlafsack, denn die Daunenbetten vertrage ich immer noch nicht.

Epilog

Das Ende des Rennsteigs

Sonnabend, 13. September 2008

SOK → GS

Saale-Orla-Kreis → Landkreis Goslar

Mit der Bahn von Thüringen zurück nach Niedersachsen

Die Bahnstrecke: Blankenstein (Saale) → Saalfeld → Erfurt → Nordhausen → Herzberg am Harz

Die Autostrecke: Herzberg am Harz → Clausthal-Zellerfeld

Es ist vollbracht! Von langer Hand geplant und nun doch schon wieder vorüber. 350 km in zwölf Tagen. Eigentlich hatte ich nicht im Sinne gehabt, allein in die Weite Welt zu wandern, aber im Nachhinein war es das Beste, was mir passieren konnte. Am 1. September bin ich zuhause im Oberharz aus der Tür getreten und zwölf Tage später an der *Saale* angekommen. Ich habe neue Leute kennengelernt, die unterschiedlichsten Gegenden, Kreise, und Bundesländer gesehen, das eigene Durchhaltevermögen aufs neue getestet und dabei viel gelernt. Das nächste Mal wird alles leichter. Nie hätte ich es nach meinen bisherigen Wanderungen für möglich gehalten, anfangs solche Schwierigkeiten zu bekommen. Aber es ist eben doch ein Unterschied, einen einzelnen Tag 30 km zu wandern oder zwölf Tage am Stück mit 20 kg auf dem Rücken. Nach drei Etappen in Heiligenstadt hatte ich große Zweifel, das Vorhaben zu schaffen, aber ab dem vierten Tag ging es aufwärts. So war es dann, dass ich ab Etappe 8 so gut wie gar keine Beschwerden mehr hatte und mich am Ende so fit fühlte, dass ich am liebsten gleich weiter gelaufen wäre.

Nach dem Frühstück in unserer Pension mache ich mich gemeinsam mit Mario auf den Weg zum offiziellen Ende des *Rennsteigs*. Wir übergeben unsere Steinchen ihrem Bestimmungsort und werfen sie von der Fußgängerbrücke in die *Selbitz*, den Zufluss der *Saale*. Es folgen die obligatorischen Abschiedsfotos, dann heißt es, dem neuen Wanderkumpan ade zu sagen. Wird man sich wiedersehen? Mario setzt seinen *EB* Weg fort, zunächst nur bis Plauen, nahe seines Heimatortes Greiz. Ich steige um 10:37 Uhr in die Regionalbahn nach Saalfeld. Mit Umsteigen in Saalfeld, Erfurt und Nordhausen gelange ich um 16:24 Uhr nach Herzberg am Harz. Rasend ziehen die vielen Kilometer an mir vorbei, wie ein Videofilm im rückwärtigen Schnelldurchlauf. In Herzberg werde ich von Rafael abgeholt – auf die Freunde ist Verlass – und befinde mich abends bereits wieder in vertrauter Clausthaler Runde. Viele Erlebnisse, viele Erinnerungen. Was bleibt sind die Bilder – im Kopf und auf den Fotos – die Erinnerungen an Erlebnisse und Bekanntschaften, meine Mitstreiter Mark, Klaus, Christiane & Sven, Mario sowie die zwei Ham-

nkenstein Oléee, wir sind da!

Ende des *Rennsteigs*

noch die Steinchen aus der *Werraquelle* in die *Selbitz*.

Ab nach Hause!

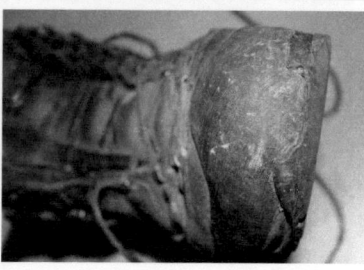

Nichts geht über gut eingelaufene Stiefel. Nach ein paar tausend Kilometern brauchen die nun aber erstmal neue Sohlen!

burger in Treffurt; und eben dieses Tagebuch. Ich fühle mich erholt, sowohl körperlich als auch geistig. Wandern befreit den Geist! Die zwei Sondershausener, Christiane und Sven, haben wir nicht wieder getroffen. Im Internet finde ich später auf der Seite des *Trabantclubs Sondershausen* ihren *Rennsteig*-Bericht. Sie müssen immer kurz hinter uns gewesen sein und haben auch unseren Eintrag im Hüttenbuch der *Saar-Hütte* gefunden. Die Nacht, die Mario und ich in der *Eisfelder Ausspanne* verbrachten, haben die Zwei in einer Pension in Masserberg übernachtet. Einen Abend später hausten sie in der massiven Blockhütte am *Kurfürstenstein* an der Ländergrenze Bayern - Thüringen. Sie haben alles richtig gemacht, genauso wie wir. *Glück Auf* und *Gut Runst!*

Nach je über 1000 km im Jahr 2007 und 2008, brauchen meine treuen Stiefel erstmal neue Sohlen, Einlagen, Schnürsenkel und ein paar neue Nähte. Dann kann's ja wieder losgehen!

DIE FORTSETZUNG ...

Florian Genrich

Durchs Vogtland und über das Erzgebirge

Eine Fernwanderung - Teil 2

13 Tage, 300 Kilometer:
Von Blankenstein (Saale) durchs Vogtland und über das Erzgebirge bis nach Altenberg.